LE TÉLÉPHONE AU POINT DE VUE JURIDIQUE

Par M. Georges VIDAL

Agrégé à la Faculté de Droit,
Membre de l'Académie de Législation.

LECTURE FAITE A L'ACADÉMIE DE LÉGISLATION.

PARIS
LIBRAIRIE NOUVELLE DE DROIT ET DE JURISPRUDENCE
ARTHUR ROUSSEAU,
ÉDITEUR
14, RUE SOUFFLOT ET RUE TOULLIER, 13

1886

LE

TÉLÉPHONE

AU POINT DE VUE JURIDIQUE

Par M. Georges VIDAL

Agrégé à la Faculté de Droit,

Membre de l'Académie de Législation.

LECTURE FAITE A L'ACADÉMIE DE LÉGISLATION.

PARIS

LIBRAIRIE NOUVELLE DE DROIT ET DE JURISPRUDENCE

ARTHUR ROUSSEAU,

ÉDITEUR

14, RUE SOUFFLOT ET RUE TOULLIER, 13

1886

LE TÉLÉPHONE

AU POINT DE VUE JURIDIQUE

A PROPOS D'UNE BROCHURE DE M. CESARE NORSA,

Avocat à Milan,

Par M. GEORGES VIDAL, agrégé à la Faculté de Droit.

Lecture faite à l'Académie de législation.

MESSIEURS,

Le sujet de cette étude est d'un intérêt d'actualité incontestable et soulève des points de droit importants qui touchent à la fois au droit public et au droit privé. L'attrait de la nouveauté a séduit M. Norsa, avocat à Milan, membre de plusieurs sociétés savantes, et dont le nom est déjà connu par les remarquables travaux qui lui valent une place méritée et dignement occupée dans l'Institut de droit international. L'importance et l'attrait du sujet nous ont entraîné en dehors des limites d'un simple rapport. L'état de notre règlementation française et sa comparaison avec celle de l'Italie nous ont paru devoir ajouter un vif intérêt à l'analyse du travail de M. Norsa. Il nous paraît également nécessaire de mettre tout d'abord l'Académie au courant des progrès et du développement déjà considérable du téléphone dans les relations privées, pour lui permettre de saisir plus promptement l'intérêt pratique des questions juridiques qu'il soulève et de suivre plus facilement leur discussion.

INTRODUCTION

Le dix-neuvième siècle, qui a vu tant de révolutions et de progrès s'accomplir dans tous les ordres des connaissances humaines, est particulièrement le siècle des découvertes et des applications des sciences physiques. Il a vu, grâce à elles, se modifier les conditions normales de la vie, des relations et de l'économie sociale ; les transformations dues à l'application de la vapeur et de l'électricité sont telles que, si un des esprits les plus éclairés du siècle dernier pouvait revivre au milieu de nous, il serait réellement émerveillé, s'il ne les attribuait au pouvoir supérieur de quelque génie malfaisant, de si grands changements dans les détails de notre vie, des progrès si prodigieux de l'industrie et du commerce, des bouleversements apportés par ces découvertes aux lois du marché public, de leur influence considérable sur le travail et la condition générale des peuples, sans parler des relations entre les Etats, pacifiques ou guerrières, qui, elles aussi, se ressentent de l'application de ces inventions.

L'électricité, puissance mystérieuse, dont on connaît aujourd'hui les lois sans pouvoir cependant préciser encore son essence et sa nature, découverte et appliquée la dernière, préoccupe spécialement, à l'heure qu'il est, les savants et les praticiens ; leurs travaux ont déjà produit des fruits merveilleux et l'on a pu apprécier, à l'exposition d'électricité de Paris en 1881, les prodiges déjà accomplis et pressentir ceux que l'avenir promet.

Déjà depuis un grand nombre d'années l'échange de la pensée est devenu presque instantané, entre des lieux cependant éloignés, par l'installation toujours croissante du télégraphe qui est arrivé à relier, à travers les mers, les plus vastes continents entre lesquels les communications étaient autrefois si difficiles et si longues. Les découvertes récentes ont placé à côté du télégraphe une invention, le téléphone, qui, sans détrôner son prédécesseur, est destinée à le compléter bientôt. Envoyer presque instantanément, par le courant électrique, sa pensée aux plus grandes distances, c'était une révolution vraiment prodigieuse, et cependant ce n'était point encore assez : voilà que maintenant on pourra, avec les progrès et l'extension du téléphone, faire entendre à distance sa propre voix, en faire percevoir les intonations, se rapprocher ainsi personnellement de son interlocuteur et converser avec lui comme si on n'était séparé l'un de l'autre que par un écran s'opposant à la vue. Le téléphone, dont l'application pratique se répand déjà et se généralise dans les deux mondes, ne remplacera pas le télégraphe, pas plus que la voix ne saurait remplacer l'écriture; il est cependant destiné à un rapide accroissement parce que, plus instantané que le télégraphe, il transmet directement la communication à l'oreille du destinataire sans passer entre les mains d'employés, parce qu'il a tout l'avantage d'une conversation, supprime toute distance et rend présentes, l'une à l'autre, par l'ouïe, deux personnes éloignées, enfin offre sur une simple et froide communication écrite, qui ne permet ni explication ni discussion rapides, l'avantage d'une conversation vivante et animée, avec tous ces développements, ses interruptions, ses objections, ses reponses, sa discussion ininterrompue et sa conclusion rapide.

Déjà le téléphone fonctionne avec succès dans tous les pays, depuis l'Amérique jusqu'au Japon, en passant par l'Europe dont tous les états ont mis à profit la précieuse invention. Chose digne de remarque et qui montre les changements opérés dans les esprits par la vulgarisation et les progrès des inventions physiques, le téléphone parlant fut pour la première fois exposé par son inventeur, Graham Bell, physicien américain, originaire d'Edimbourg, à l'exposition de Philadelphie, en 1876 (1); depuis cette époque, cent inventions, dérivées de la première, ont résolu le même problème à l'aide de combinaisons plus ou moins variées (2), et immédiatement les pays les plus divers se sont emparés de la découverte pour l'approprier à des usages nombreux, et ce merveilleux appareil fonctionne au service d'un grand nombre de personnes qui l'ont mis à profit avec empressement.

Que de progrès dans la confiance du public pour les inventions modernes, depuis le jour où les chemins de fer et le télégraphe lui-même, à leurs débuts, trouvaient tant de détracteurs et d'opposants, sans compter les défiants par principe, qui n'ont jamais consenti à éprouver par eux-mêmes le progrès accompli.

Les Etat-Unis, le pays de l'application pratique et rapide des inventions modernes, tiennent aujourd'hui la tête des nations pour le développement du téléphone et le grand nombre d'abonnés. L'exploitation du téléphone y est libre, sans redevance au profit des villes ou de l'Etat. Le nombre des abonnés y était, au 1er octobre 1882, de plus de 100,000 : New-York en comptait 4,060, Chicago 2,726, Cincinnati 1,800, Boston 1,325, San-Francisco 1,300, etc., ; le développement du téléphone y atteignait à cette date un tel degré que plus de quatre-vingt cinq villes possédaient un service téléphonique, et dans un grand nombre de petites on comptait un abonné par vingt

(1) Guillemin, *Monde physique*, III, p. 736.
(2) *Id.*, p. 767.

habitants (1). Tous les Etats de l'Europe se sont emparés de l'invention, qui fonctionne dans les grandes villes avec succès ; la France n'est pas restée en retard, et Paris, dont le réseau téléphonique est le plus parfait de tous, y compris ceux des Etats-Unis (2), comptait, au 1er octobre 1882, 2,422 abonnés, et venait au 3e rang, après New-York et Chicago, avant Londres, qui n'en comptait que 1,600 (3). Les communications téléphoniques sont enfin en plein fonctionnement au Mexique et au Japon, où ils servent surtout au service de la police et des chemins de fer (4).

L'exploitation du téléphone, quoique en usage dans tous les pays civilisés, se cantonne encore presque exclusivement dans l'intérieur d'une même ville. Cependant, des expériences ont été faites avec succès pour faire franchir au réseau l'enceinte de la ville et relier des lieux plus ou moins distants. En mars 1880, un fil réunissait l'observatoire du Pic du Midi, à Bagnères-de-Bigorre, distant de 30 kilomètres (5). Aux Etats-Unis, on a relié entre elles bon nombre de villes assez éloignées : Boston était, en août

(1) La *Nature,* revue des sciences, par Gaston Tissandier, 2 décembre 1882, p. 6, no 496.

(2) *Nature,* 11 février 1882, p. 163, no 454.

(3) *Nature,* 2 décembre 1882, l, c.
Amsterdam, 700 ;
Stockolm, 672 ;
Vienne, 600 ;
Berlin, 581 ;
Bruxelles, 450 ;
Turin, 410 ;
Copenhague, 400 ;
Mexico, 300 ;
Saint-Pétersbourg, 145 ;
Alexandrie, 118 ;

(4) *Nature,* 17 septembre 1881, p. 254, no 433. — 24 février 1883, p. 199, no 508.

(5) *Nature,* 13 mars 1880, p. 238, no 354.

1881, relié par téléphone à Providence (64 kil.), Worcester (64 kil.), Springfield (128 kil.), Lawrence (110 kil.), Lowel (40 kil.) (1); l'année suivante, en juin 1882 (2), un service fonctionnait entre Berlin et Hambourg (228 kil. de fils), Venise et Milan (284 kil.), la gare de l'Est, à Paris, à la gare de Nancy (354 kil.), enfin Paris et Bruxelles (344 kil.); dans ce dernier réseau s'accomplissait, le 17 mai 1882, un progrès remarquable : un fil unique et commun au téléphone et au télégraphe transmettait, en même temps, une dépêche télégraphique et un message oral par téléphone. Enfin, en avril 1883, existait entre New-York et Chicago une ligne téléphonique de plus de 1,600 kilomètres (3).

Quoique la téléphonie à grande distance ne soit pas encore bien développée, malgré les succès des essais précédents, quoique le réseau téléphonique ne fonctionne que dans les villes, les faubourgs ou quelques lieux peu éloignés, les services qu'il rend sont déjà nombreux et apportent aux relations un changement notable. Nous n'avons pas besoin de démontrer, autrement qu'en les signalant, les avantages de cet appareil pour l'usage personnel des particuliers dans l'intérieur de leurs maisons, dans la gestion de leurs biens reliés entre eux par un fil, l'intérêt des directeurs d'une grande industrie à relier leur divers établissements entre eux et avec leur propre bureau, l'utilité de la rapide communication orale avec sa précision, sa vie et la discussion possible des commerçants entre eux; enfin l'agrément pour les personnes de pouvoir, sans sortir

(1) *Nature*, 13 août 1881, p. 174, n° 428.

(2) *Nature*, 10 juin 1882, p. 31, n° 471.

(3) *Nature*, du 7 avril 1883, p. 303, n° 514. — Voir pour l'application de la télégraphie et de la téléphonie simultanées par les mêmes fils, la *Nature*, n° 563, du 15 mars 1884, p. 245 et n° 601 du 6 décembre 1884, p. 1.

de leur appartement, converser entre elles comme si elles étaient réunies dans le même salon. Nous signalerons des partis plus utiles et plus agréables que l'esprit investigateur et pratique a tirés du téléphone.

Les Etats-Unis ont employé le téléphone au profit de la police ; ce service fonctionnait avec succès à Chicago, en mai 1881 (1), et avait pour double but d'augmenter la rapidité et l'efficacité des secours de police, et en même temps de diminuer le nombre des patrouilles, le personnel des agents et les dépenses qui en résultent. Des postes de police sont établis dans certains points de la ville et contiennent une voiture attelée, trois hommes toujours prêts à partir et les appareils nécessaires pour les secours aux blessés, les arrestations, les incendies, etc. Dans l'intervalle de ces postes se trouvent, distribuées le long des rues, des guérites ou stations d'alarme publiques : ces stations s'ouvrent avec des clefs remises à tous les notables et honorables citoyens de la ville et à tous les agents de police ; l'on a prévu l'abus de ces clefs et organisé le service de telle sorte que la clef, une fois introduite, ne peut être enlevée que par les agents de police, et porte un numéro d'ordre faisant connaître son détenteur. La guérite contient deux appareils pour faire connaître au poste de police la nature du secours qu'on réclame de lui ; le premier appareil est destiné à donner une indication brève, un signal : il se compose d'un cadran avec aiguille en communication électrique avec le poste de police ; ce cadran se subdivise en onze divisions indiquant les causes de l'appel et sur lesquelles celui qui sollicite l'arrivée de la police place l'aiguille (2). A côté de cet appareil se

(1) *Nature*, 14 mai 1881, p. 375, n° 415.

(2) I. Voiture de police. II. Voleurs. III. Violences. IV. Emeute. V. Ivrognes. VI. Meurtre. VII. Accident. VIII. Violation de domicile IX. Rixes. X. Essai de la ligne. XI. Incendie.

trouve un téléphone destiné aux développements oraux du signal et au rapport des agents de police appelés.

Une installation du même genre existe dans le domicile des particuliers pour permettre à la police de s'y rendre immédiatement en cas d'appel, de vol avec effraction, par exemple ; pour permettre l'entrée de la police, une clef de la maison de chaque abonné se trouve déposée sous scellés au bureau de police. A Zurich, des appareils de sûreté contre les effractions mocturnes sont également installés, par les soins de la compagnie téléphonique, au domicile des particuliers : un commutateur, placé sur le coffre-fort, annonce au bureau central les tentatives d'ouverture de ce coffre. La compagnie se charge aussi de réveiller les abonnés à toute heure de la nuit. Une organisation de correspondance téléphonique entre les particuliers et les postes de police se trouve également établie à Osaka, la principale place de commerce du Japon, comprenant un demi-million d'habitants (1).

L'on a fait encore, aux Etats-Unis, une curieuse application du téléphone au profit de la justice, pour surprendre la conversation des prisonniers (2) ; le pouvoir du transmetteur est considérablement augmenté par un microphone et permet à l'appareil de transmettre les sons émis dans une pièce, sans contact des lèvres de celui qui parle. L'appareil est placé contre le mur de la cellule et dissimulé derrière un papier mince percé de trous invisibles.

L'expérience qui a provoqué le plus d'enthousiasme et d'engouement pour le parti merveilleux qu'on pourrait dans l'avenir tirer du téléphone est celle de l'audition théatrale par le transmetteur Ader, qui a permis aux visiteurs de

(1) *Nature*, 18 mars 1882, p. 254, n° 489.

(2) *Nature*, 3 septembre 1881, p. 223, n° 431.

l'exposition d'électricité d'entendre et de distinguer non seulement la voix et le timbre des artistes de l'Opéra, mais encore la marche ou l'éloignement de l'acteur sur la scène, le murmure et les applaudissements du public. Un jour viendra peut-être, s'écriait-on alors, où la musique de nos scènes lyriques sera envoyée par des fils conducteurs dans des succursales; on percevra le son dès que l'on aura fait agir un commutateur, de la même façon qu'on a de l'eau en tournant un robinet (1). Un jour viendra peut-être où, grâce à ces appareils merveilleux, chacun poura jouir à domicile des concerts, des représentations théâtrales, assister aux assemblées, aux conférences, aux sermons, sans avoir à se déranger du coin de son feu (2).

Organisation du service téléphonique. — Bureaux.

L'organisation du service téléphonique est partout à peu près la même, sauf quelques différences de détail et la diversité d'exploitation. Ce service se compose toujours de bureaux centraux, d'appareils téléphoniques transmetteurs et récepteurs placés chez les abonnés et aboutissant par leurs fils au bureau central; chaque fil se termine à un petit guichet portant le numéro de l'abonné et qui s'ouvre lorsque celui-ci veut entrer en communication. Celle-ci s'opère entre deux abonnés en accrochant le fil de l'un à une barre de cuivre ou commutateur placé au-dessous du fil de l'autre; les employés se mettent de la même façon en communication avec les abonnés. A Paris, le service téléphonique est divisé en dix réseaux ayant chacun un bureau central et bornés par les fortifications. Les dix bureaux de chaque section

(1) *Nature,* 9 avril 1881, p. 302, nº 410.

(2) Guillemin, *Monde physique,* III, p. 772.

téléphonique sont reliés entre eux par des câbles venant tous aboutir au centre général de la société, 27, avenue de l'Opéra, de sorte que les divers abonnés de ces sections peuvent communiquer entre eux par l'intermédiaire du centre général.

La compagnie téléphonique de Zurich a accompli un progrès considérable dans l'organisation de son service : elle a relié le bureau téléphonique central avec le bureau télégraphique central, de sorte que chaque abonné peut dicter lui-même à l'employé son télégramme et recevoir inversement, par téléphone, les dépêches qui lui sont adressées ; on a, par ce moyen, l'avantage de gagner un temps précieux en évitant les longueurs du service télégraphique dans les bureaux occupés (1).

Le système de support des fils diffère suivant les pays ; tantôt il est aérien : les fils sont placés sur le toit des maisons sans suivre le tracé des rues, ou au contraire suivent ce tracé le long des façades ; tantôt il est souterrain et placé dans les égouts : c'est le système adopté à Paris, mais qui n'est pas praticable partout, à cause de l'absence, dans la plupart des villes de province, d'égouts à grande section.

Le téléphone se propage rapidement chez nous, et nos grandes villes en possèdent toutes : Lyon, Marseille, Bordeaux, le Havre, Lille, Nantes, Reims, etc., où le réseau est exploité directement en régie par l'Etat. Toulouse seule, parmi les grandes villes, ne possède pas encore de service général de téléphone, mais compte cependant quelques fils particuliers.

(1) Les abonnés ont, en France, le même avantage, en payant une certaine somme en sus de l'abonnement, d'après le nouveau cahier des charges imposé à la Société générale du Téléphone, lors du renouvellement de la concession, le 18 juillet 1884 (art. 17 dudit cahier). — Voy. *infrà* à l'Appendice.

Le nombre des communications téléphoniques est déjà tel que l'on peut s'attendre à un rapide progrès et à une prompte extension de la nouvelle découverte. C'est ainsi, pour ne citer que les chiffres les plus importants, qu'en juin 1881 il se faisait à Londres vingt mille communications par semaine, tandis qu'à Paris le chiffre s'élevait à cinquante mille.

Ce dévelopement du téléphone dans tous les pays civilisés entraîne des rapports nouveaux entre les hommes par un mode jusqu'ici inusité, et cette nouveauté interesse directement le droit et la législation, qui doivent régler ces divers rapports. Les lois anciennes sont insuffisantes à la règlementation des relations que crée la communication téléphonique, et le législateur doit se préoccuper des règles à établir, comme il l'a fait lors de l'application du télégraphe. Son attention doit même être ici plus scrupuleuse, parce que les rapports créés par le téléphone sont plus compliqués que ceux résultant du télégraphe, que la législation de celui-ci serait insuffisante pour celui-là, et que l'on ne peut se borner à étendre ainsi une législation déjà créée. Une loi nouvelle est nécessaire ; elle est à faire.

Telle est la thèse qu'a entrepris de démontrer M. Cesare Norsa.

M. Norsa, dont l'activité d'esprit est à la recheche de sujets nouveaux, a, dans la brochure dont il a fait hommage à l'Académie, étudié et traité avec autorité les rapports du téléphone avec la loi ; il a montré la nécessité d'une loi nouvelle et l'insuffisance de règlements émanant du pouvoir éxécutif ; enfin il a cherché à tracer les principes et les éléments de cette loi nouvelle à intervenir, facilitant ainsi au législateur son travail et lui traçant des jalons sûrs et précieux.

Je m'efforcerai, Messieurs, en vous rendant compte de

l'œuvre de M. Norsa, de mettre l'Académie au courant de la situation juridique et légale du téléphone dans notre pays et de rendre ces détails plus intéressants et plus utiles en les faisant nôtres, en considérant l'organisation actuelle du service téléphonique en France et en recherchant de quelles améliorations elle est susceptible.

J'adopterai, pour plus de clarté, une division différente de celle de M. Norsa. M. Norsa consacre dix chapitres à son étude :

Premier chapitre : Situation en Italie de la téléphonie et ses rapports avec la législation ;

Deuxième chapitre : Exposition et examen critique des dispositions de loi et règlements publics dans les divers Etats, relativement au téléphone ;

Troisième chapitre : Nécessité d'une loi nouvelle ;

Quatrième chapitre : Essai et plan d'une loi nouvelle ; 1° dans les rapports économiques ;

Cinquième chapitre : 2° dans les rapports de l'Etat pris comme personne distincte des particuliers ;

Sixième chapitre : 3° dans les rapports avec le gouvernement ;

Septième chapitre : 4° dans les rapports des particuliers entre eux ;

Huitième chapitre : Application au téléphone de la législation actuelle du télégraphe ; analogies et différences à ce point de vue des deux inventions ;

Neuvième chapitre : Motifs pour établir au profit de l'Etat un monopole relativement à l'exploitation du téléphone ;

Dixième chapitre : Conclusions et appendice.

Nous préférons, comme plus simple, plus claire et évitant les redites, la division qui, conforme à la réalité des choses, prend l'exploitation téléphonique à sa naissance et la suit dans son fonctionnement :

Premier chapitre : *Mode d'exploitation commercial du téléphone* ;

Deuxième chapitre : *Création du service téléphonique ;*

Troisième chapitre : *Fonctionnement du téléphone.*

CHAPITRE PREMIER

Mode d'exploitation.

Avant d'assister à la création et au fonctionnement d'un réseau téléphonique, avant de règler les divers rapports juridiques qui en découlent, nous trouvons une première question capitale dont la solution influera sur les détails qui suivront. Comment doit être exploité le service téléphonique ? L'industrie privée aura-t-elle une entière liberté et la concurrence sera-t-elle illimitée, ou bien, au contraire, l'Etat jouira-t-il d'un monopole exclusif ? Entre ces deux systèmes également absolus n'y a-t-il pas de moyen terme ?

Si nous remontons aux principes, nous trouvons une règle parfaitement conforme aux intérêts sociaux, à la raison et à la saine notion de l'Etat : l'industrie doit jouir d'une entière liberté, la concurrence doit être illimitée, et l'Etat ne doit en rien se mêler à cette concurrence privée, à plus forte raison ne doit-il pas la supprimer à son profit. L'Etat, en dehors de l'administration de son domaine privé, n'a d'autre mission que d'assurer la conservation et le progrès des intérêts sociaux par une haute surveillance, une intervention protectrice pour le maintien de l'ordre, de la paix et de la sécurité. L'idéal de l'Etat, conforme aux vrais principes et vers lequel tend à chaque progrès la civilisation, est de réduire ses attributions aux services qui ne peuvent être accomplis par les particuliers eux mêmes et qui, d'autre part, profitent à tous sans qu'on puisse déterminer la part d'avantages que chacun en retire, aux services que nous venons d'indiquer : le maintien de l'ordre, de la paix et de la sécurité ; toute intervention dans l'industrie serait ainsi retirée à l'Etat et l'industrie resterait, dans la sphère d'activité des individus, leur domaine propre, dans lequel ils pourraient se mouvoir avec une entière liberté.

Cet idéal n'est pas encore atteint et l'Etat, chez nous, comme dans les autres pays, sort de ce domaine étroit que nous venons de lui assigner pour venir faire concurrence à l'activité privée, quelquefois même pour l'exclure entièrement par un monopole. C'est ainsi que nous le voyons propriétaire de forêts, de champs, de bergeries, de haras, de fermes-écoles, de salines, d'imprimeries, devenir agriculteur, éleveur, imprimeur ; comme les particuliers, il entre en concurrence plus ou moins grande avec l'industrie privée, mais il ne l'exclut pas encore. Il l'exclut, au contraire, par des monopoles, pour la fabrication de la poudre, la fabrication et la vente du tabac, l'industrie du transport des lettres et de la transmission des correspondances télégraphiques (1).

Ces exceptions aux principes reposent sur des considérations pratiques, financières et d'intérêt public, et, pour nous restreindre à l'industrie des communications de la pensée, le monopole de l'Etat se justifie par sa nécessité même : lui seul, par sa haute direction et son personnel soigneusement choisi et contrôlé, peut

(1) V. pour le développement de ces idées, le savant et si intéressant ouvrage de mon cher maître et ami M. Alfred Jourdan, doyen de la Faculté de droit d'Aix : *Du rôle de l'Etat dans l'ordre économique*, ouvrage couronné par l'Institut, en 1882, dans le concours pour le prix Rossi.

assurer la régularité et l'exactitude de ces services si compliqués ; la liberté de l'industrie et de la concurrence privées ne ferait qu'ajouter à ces complications et jetteraient la confusion et l'erreur où l'exactitude est si nécessaire. Ces raisons sont tellement péremptoires pour les deux monopoles du transport des lettres par la poste et de la transmission des correspondances télégraphiques, que tous les Etats les ont consacrées sans hésitation.

Ces raisons s'appliquent-elles avec une égale force aux communications téléphoniques, et la nécessité d'un monopole d'Etat se fait-elle sentir pour elles comme pour les communications télégraphiques ?

L'on ne saurait nier les ressemblances entre le télégraphe et le téléphone, qui pourraient tenter d'étendre à celui-ci les règles de celui-là, ressemblances d'appareils et de principes de communications, ressemblances par les fils, ressemblances par le but et le résultat : la communication de la pensée à des distances plus ou moins grandes. Cependant, un examen approfondi montre des différences importantes au point de vue des services et des détails de l'exploitation. Une différence capitale, qui est le point de départ de bien d'autres, distingue le fonctionnement du télégraphe ; dans celui-ci, la communication se fait par les employés de l'administration auxquels le public, moyennant une taxe payée à chaque communication, donne le texte écrit de la correspondance à transmettre ; l'on n'a pas à se préoccuper du recrutement de la clientèle, puisque le public est obligé d'aller lui-même au bureau télégraphique et ne peut autrement correspondre ; d'autre part, les employés ayant le rôle actif dans la transmission et la réception télégraphique, le choix du personnel doit être fait avec soin, une surveillance rigoureuse doit assurer la régularité du service ; en un mot, le monopole et la haute autorité de l'Etat sont nécessaires. Dans le service téléphonique, au contraire, la communication se fait directement entre les particuliers, et l'employé de l'administration n'a plus qu'un rôle secondaire, purement mécanique, la mise en communication des fils des deux particuliers; d'autre part, sauf le public qui communiquera dans les bureaux publics, la clientèle du service téléphonique se compose en grande partie d'abonnés qui, ayant les appareils de communication téléphonique chez eux, pouvant communiquer quand bon leur semble, ne sauraient être astreints à payer une taxe à chaque communication, mais paient à forfait un abonnement. Le public n'étant pas forcé lui-même d'aller à l'administration téléphonique, celle-ci doit aller à lui, et, si elle veut couvrir ses frais et faire des bénéfices, elle doit travailler au recrutement des abonnés; elle doit donc déployer une activité commerciale inutile dans le service télégraphique et user des moyens et intermédiaires commerciaux pour augmenter sa clientèle. Le service téléphonique a donc un caractère privé, puisque la communication se fait directement et sans action de l'administration entre les deux abonnés. Il a de plus un caractère commercial : l'installation des appareils téléphoniques, des bureaux centraux et des fils nombreux qui relient les bureaux entre eux et chacun d'eux avec les abonnés exige des travaux considérables et des capitaux importants, de fortes dépenses que l'on ne peut couvrir que par le grand nombre des abonnements. Une ligne télégraphique exige moins de fils et de travaux de création; une fois installée, elle sert pour tout le monde et ne subit aucun changement par suite de la modification et de l'augmentation de la clientèle; dans le service téléphonique, au contraire, un fil est nécessaire pour chaque abonné : d'où des travaux nouveaux, des dépenses nouvelles pour chaque nouveau client, et lorsqu'un abonnement cesse, la ligne qui le desservait devient inutile. Autant de dépenses sans cesse changeantes qui exigent des ressources nouvelles. Or, l'incapacité commerciale de l'Etat est démontrée à la fois par les principes et par la pratique, et, lorsque dans un des monopoles créés pour l'utilité publique s'élève un côté commercial, il est abandonné à des concessionnaires, sociétés ou agents privés, qui l'exploitent dans leur intérêt particulier, sauf le droit de contrôle et de haute surveillance de l'Etat : ainsi, par exemple, de l'industrie des transport par chemins de fer, du monopole des allumettes, etc.

L'exploitation téléphonique, bien différente du service télégraphique par son côté commercial et les complications de son service, aurait donc des inconvénients graves, que nous ferons ressortir avec plus de détails dans le courant de cette étude, si elle était confiée à l'Etat seul, et ces inconvénients retomberaient à la fois sur l'Etat lui-même et sur les particuliers (1).

Ce premier mode exclusif d'exploitation repoussé, deux autres se présentent à notre examen : ou bien la liberté absolue de l'industrie privée agissant sous la loi de la concurrence, ou bien le maintien du monopole de l'Etat avec concession de l'exploitation, moyenant redevance, à des compagnies ou des particuliers adjudicataires.

Pour la liberté absolue de l'industrie privée avec libre concurrence, on peut argumenter des principes généraux, et notamment de celui de la non intervention de l'Etat dans l'ordre économique, de la restriction des monopoles aux cas de nécessité absolue. L'Etat ne doit pas, en règle générale, nous venons de le voir, se faire entrepreneur

(1) V. une remarquable étude de M. Rodolphe Rousseau, avocat à la Cour d'appel de Paris, membre correspondant de l'Académie de législation de Toulouse : *Mémoire à consulter sur la question de savoir si l'exploitation des téléphones doit être faite par l'Etat ou laissée à l'industrie privée* (1882, Arthur Rousseau, éditeur).

de service téléphonique; il ne doit pas davantage concéder ce monopole à des compagnies contre lesquelles toute concurrence est impossible. Il y a dans l'exploitation du téléphone un côté commercial important; la concurrence seule donnera des garanties sérieuses au public; sans elle, point de perfectionnements, point d'abaissement de tarifs; sans elle, la compagnie maîtresse se relâchera dans le service; elle cherchera le bon marché pour s'assurer de plus gros bénéfices, bon marché dans les appareils, bon marché dans les exigences des employés; sans la concurrence, enfin, le public sera à la merci de la redoutable compagnie, sans rivales possibles. Il y a dans la France entière, et même dans chaque grand centre, place à une concurrence sérieuse et possibilité d'exploitations multiples par des compagnies rivales qui trouveront, sans se détruire et même sans se nuire sensiblement, aliment à des services productifs. Ce système est en pleine vigueur aux Etat-Unis, le pays de l'initiative privée et de la libre concurrence.

Le dernier mode d'exploitation, qui tient le milieu entre les deux précédents, prévaut dans les Etats d'Europe; il repose sur le monopole de l'Etat, qui, seul, a le droit de créer un service téléphonique; mais comme l'incapacité commerciale de l'Etat est reconnue, l'exploitation est concédée à un entrepreneur qui la dirige dans son intérêt et en vue de bénéfices à réaliser, comme il le ferait sous le régime de la libre concurrence. Cependant, cette concurrence faisant ici défaut, le concessionnaire serait maître souverain s'il n'était maintenu dans des limites étroites par son cahier des charges et par la haute surveillance et le contrôle incessant de l'Etat, comme cela a lieu pour les concessions en général. C'est ainsi que, tout en laissant au concessionnaire l'exploitation avec ses bénéfices, mais aussi avec ses risques, l'autorité publique fixe ses tarifs, assure, par une étroite règlementation et la surveillance de ses agents, la régularité du service et empêche les abus.

La concession ne saurait être un monopole pour celui qui l'obtient; elle n'est qu'un dérivé du monopole de l'Etat d'où le droit pour celui-ci d'accorder d'autres concessions là où il le juge nécessaire et d'imposer aux divers bénéficiaires la communication entre leurs fils et la communication de ces fils avec ceux du télégraphe. Enfin le gouvernement, maître de la situation, peut imposer telle condition qui lui paraît nécessaire à l'intérêt public, par exemple la création d'un réseau souterrain au lieu d'un réseau aérien, l'ouverture d'un bureau public où toute personne pourra, moyenant une taxe fixée dans le cahier des charges, communiquer avec les abonnés. Ce système concilie ainsi, en les fondant en un seul, les avantages des deux systèmes trop absolus que nous avons présentés d'abord et il en évite les inconvénients, d'une part en enlevant à l'Etat les charges de l'exploitation commerciale, d'autre part en donnant satisfaction à l'intérêt public, dont se seraient peu souciés des exploitants libres, et que protègera, au contraire, avec soin la haute autorité du gouvernement. Le monopole de l'Etat, qui constitue la base de ce système, se justifie par les raisons d'intérêt public que nous venons de faire valoir et d'autres que nous retrouverons dans le cours de cette étude; ajoutons que le lien intime qui unit le service téléphonique avec le service télégraphique, les avantages que l'on peut retirer de la communication des deux réseaux, les inconvénients de voisinage par lesquels ils peuvent au contraire se nuire, sont autant de motifs de plus pour mettre dans les mêmes mains, sinon le fonctionnement, au moins les conditions de leur création et la haute surveillance de leurs services.

Le système mixte que nous venons d'exposer et qui rappelle, sauf quelques différences résultant de la nature différente des exploitations, l'organisation du service des chemins de fer, est celui que la pratique a consacré; il fonctionne avec succès en Angleterre, en Autriche, en Suisse, en Belgique, en Italie, en Hollande, en Russie, en France. L'Allemagne et les Etats-Unis seuls font exception, l'une en faveur du monopole absolue et de l'exploitation par l'Etat, l'autre en faveur de la libre concurrence de l'industrie privée.

C'est aussi le mode d'exploitation proposé à la fin de de son étude par M. Norsa.

Remarquons, du reste, en finissant sur ce premier point, que notre théorie n'a rien d'exclusif et que l'Etat, prévoyant qu'il est difficile d'étendre à certaines villes l'exploitation du téléphone par concession, peut, en attendant que la situation ait changé, se charger lui-même du fonctionnement, sauf à céder l'installation complète aux futurs entrepreneurs qui se présenteraient. C'est ce qui se passe chez nous, dans quelques villes, à Reims notamment.

Un projet de loi avait même été déposé, chez nous, par le ministre des postes et télégraphes, au nom du gouvernement, en 1882, à l'effet d'obtenir de la Chambre les crédits nécessaires pour établir des lignes téléphoniques d'Etat; mais en présence des vives protestations de la société générale concessionnaire, présentées avec énergie et talent par M. Rodolphe Rousseau, membre correspondant de notre Académie, et vu le peu d'expérience que l'administration a pu encore acquérir sur le résultat de l'exploitation par l'Etat, le projet a été retiré et il a été remplacé, le 21 juin 1884 (1), par un autre projet présenté

(1) *Offic.*, docum. parlement. (Chambre). Décembre 1884, p. 1208, annexe nº 2954.

par le Ministre des postes et télégraphes et ayant au contraire pour but de prolonger de cinq nouvelles années les concessions actuellement en exploitation et sur le point d'expirer. La commission a pensé que le Ministre avait, en vertu du décret du 27 décembre 1851, des pouvoirs suffisants pour accorder et règler lui-même les concessions téléphoniques, que l'intervention législative était dès lors inutile et elle a conclu au rejet du projet de loi. — Cependant, le 12 juillet suivant, un autre projet était soumis à la Chambre par M. Farcy, dans le but de règler législativement les concessions téléphoniques (1). L'étude en a été renvoyée à la commission des réseaux téléphoniques.

CHAPITRE II

Création du service téléphonique.

Deux actes importants pleins de détails qu'il est nécessaire de règlementer, précèdent nécessairement le fonctionnement du service téléphonique : 1° la concession octroyée par l'Etat avec son cahier des charges ; 2° la construction matérielle du réseau et l'adhésion des abonnés.

SECTION PREMIÈRE. — CONCESSION ET CAHIER DES CHARGES.

Ce point, malgré son importance, n'a encore été règlementé, en France comme ailleurs, que par de simples arrêtés ministériels, ou tout au plus des décrets : en Italie, par exenple, un décret du 1er avril 1883 ; en France, un

(1) *Offic.*, docum. parlem. (Chambre). — Janvier 1885, p. 1299, annexe n° 2974.

arrêté du 26 juin 1879 remplacé par un second en date du 18 juillet 1884 (1). Ces actes ne sont en quelque sorte que provisoires et que des essais; l'on attend d'être mieux fixé sur les nécessités du service téléphonique pour rendre ces actes définitifs, et là où il n'y a pas encore de loi, des projets sont déposés pour arriver à une législation sérieuse, moins variable et moins arbitraire; en Belgique, le projet a été déposé le 31 mai 1883; en Italie, le 27 novembre 1880, et la commission parlementaire, nommée pour son étude, a fait son rapport le 27 avril 1882. En France, l'acte de concession et son cahier des charges restent encore à l'état de contrat privé, et par conséquent variable, passé entre l'Etat et chaque entrepreneur, en attendant le vote du projet de loi Farcy, fort court du reste et qui laisse à la discrétion du Ministre la détermination des clauses du cahier des charges (Voy. Annexes *infrà*).

Du reste, ce cahier des charges est à peu près le même partout, les points principaux ressortant logiquement des principes de la concession. Le monopole de l'Etat est affirmé et emporte l'absence de tout privilège pour le concessionnaire, la faculté pour l'administration d'accorder d'autres concessions dans la même localité ou d'exploiter elle-même en régie. Le gouvernement exerce son autorité dans l'intérêt public; dès lors, au nom de cet intérêt, il se réserve le droit de forcer les concessionnaires à relier leurs fils entre eux et avec le télégraphe (2),

(1) Cahier des charges du 18 juillet 1884.

(2) Cette obligation vient d'être imposée à la Société générale des téléphones lors du renouvellement de la concession et du cahier des charges, et en décembre 1884, un poste téléphonique a été établi, rue de Grenelle, au ministère des Postes, où aboutissent toutes les dépêches télégraphiques. Aussitôt arrivée, la dépêche est transmise par téléphone

à établir des bureaux publics (1), à substituer un réseau souterrain au réseau aérien. Toujours en vertu du même droit, l'Etat fixe les tarifs d'abonnement ou de conversation dans les bureaux publics, exige l'égalité entre tous les abonnés et se réserve le droit de racheter la concession, de suspendre le service pour raisons d'ordre public. En vertu du caractère commercial de l'exploitation, la concession est faite aux risques et périls de l'entrepreneur, sans aucune garantie de l'Etat auquel est due, au contraire, une redevance (2). Enfin, l'Etat contractant stipule des garanties pour l'acquittement des charges et contre les infractions préjudiciables au service, cautionnement, révocation de concession, pénalités.

à l'abonné ; elle lui est ensuite confirmée par la poste, afin qu'il lui en reste une preuve écrite.

(1) Le Ministre des postes et télégraphes vient également d'autoriser l'ouverture, à Paris, de bureaux publics, dont le nombre est provisoirement fixé à cinquante. Un décret des 31 décembre 1884, 9 janvier 1885, met les cabines téléphoniques à la disposition du public et fixe la taxe des correspondances (Voy. Appendice).

(2) La redevance annuelle est, en France, de 10 p. 100 sur le produit brut, d'après les cahiers des charges du 24 juin 1879 et du 18 juillet 1884. En Italie, le décret du 1er avril 1883 le fixe à 15 fr. par appareil d'abonné ; 7 fr. par appareil de bureau de l'Etat, de ville ou d'œuvre pie ; enfin 100 fr. par appareil de bureau téléphonique ouvert au public, lorsque le réseau est situé dans l'enceinte d'une même commune. Lorsqu'il relie deux communes limitrophes, la redevance s'élève à 1,000 francs par chaque fil ; enfin, lorsque le réseau unit deux localités situées sur le territoire de la même commune ou deux communes limitrophes, la redevance est, par chaque fil, de 25 fr. pour le premier et de 100 fr. pour le second.

SECTION II. — CONSTRUCTION DU RÉSEAU ET CONTRAT D'ABONNEMENT

La concession acquise, l'entrepreneur doit établir son réseau téléphonique et dresser ensuite le modèle du contrat d'abonnement qui, d'après le cahier des charges, doit être le même pour tous.

§ 1er. — *Construction du réseau.*

Au début même des travaux, se manifeste la haute autorité de l'Etat dans l'intérêt public. L'administration a, en effet, le droit de prendre toutes les mesures nécessaires pour éviter que les fils téléphoniques ne nuisent, par leur proximité et le courant d'induction qui en résulterait (1), au fonctionnement du télégraphe; elle doit veiller à ce que la circulation et la sécurité de la voie publique ne soient pas compromises par les appareils téléphoniques et pour cela elle a le droit de fixer les conditions d'établissement de ces appareils, et l'administration des télégraphes doit, avant leur pose, s'assurer de leur bonne qualité, sauf toujours la responsabilité du concessionnaire en cas d'accident.

L'autorité a encore le droit de contraindre le concessionnaire à relier son réseau à celui du télégraphe et, en cas de plusieurs concessionnaires pour la même ville, de les forcer à se relier entre eux dans un bureau central commun. La Compagnie qui exploite le téléphone est donc loin d'être libre dans le tracé de son réseau et même dans le choix de son matériel. Ces restrictions à

(1) Ce courant produit, pendant la conversation, qu'il gêne, un bruit qu'on a comparé à celui de la friture.

sa liberté d'action se justifient par la subordination du concessionnaire qui, recevant de l'Etat la délégation d'un monopole, n'est qu'un ayant-cause et ne reçoit que les droits que l'Etat veut bien lui céder. Ces restrictions seraient impossibles dans le système de la libre industrie, qui agirait suivant son propre intérêt, sauf la responsabilité des dommages causés. Mais le système actuel, quoique très supérieur à celui-ci, laisse cependant à désirer par l'absence de toute loi qui le consacre ; une loi en effet protègerait plus énergiquement l'intérêt public, en édictant contre la violation de ses dispositions des pénalités que ne peuvent créer les arrêtés ministériels ni les décrets. Cette nécessité d'une législation générale et définitive, dont la démonstration est le but de M. Norsa, est par lui très bien justifiée dans les développements qui se trouvent au début de son étude.

Mais là où sa thèse devient évidente et pressante, c'est lorsqu'il s'agit d'installer les fils et appareils qui le soutiennent. Il est rare que les villes possèdent de grandes sections d'égouts où peut passer un réseau souterrain; dans l'état actuel, le réseau est presque forcément partout aérien et a, dès lors, besoin d'être appuyé sur les toits ou les façades des maisons particulières, le long desquelles il circule.

Peut-on forcer ces propriétaires à souffrir cet appui ? Et dans le cas où ils auront donné leur autorisation, quelle en sera la valeur ? Sera-t-elle précaire et révocable comme toute permission de tolérance ? Sera-t-elle, au contraire, définitive ? Et dans ce dernier cas, ne liera-t-elle que lui, ou liera-t-elle aussi ces successeurs ? Les successeurs à titre particulier seront-ils eux-mêmes liés, comme par une servitude réelle ? Autant de questions, touchant à la fois au droit administratif et au droit civil, pour lesquelles l'absence d'une loi est particulièrement regrettable.

Il est certain d'abord que l'appui de ces appareils sur les toits ou sur la façade cause un préjudice variable, ou tout au moins une gêne incontestable ; il en est de même du réseau souterrain, lorsqu'on voudra le faire passer sous les propriétés privées. L'appui des fils sur les toits et l'établissement du réseau souterrain compromettent la solidité de la maison, et le premier soumet l'immeuble à une trépidation gênante par suite de l'agitation des fils par le vent ; il met, en outre, obstacle à l'élévation de la construction. De plus, le voisinage et la complication des fils télégraphiques et téléphoniques augmente dans une large mesure les chances d'incendie. L'appui des fils sur la façade n'est pas sans gêner non plus les habitants de la maison, soit pour la vue, soit pour la responsabilité présumée qui leur incombe en cas de dommage aux fils qu'ils sont les premiers en mesure de dégrader ; par exemple, en ouvrant sans précaution les volets extérieurs : l'habitant se trouve ainsi dans la pénible et dangereuse obligation de faire la preuve de sa non culpabilité. Cet appui est encore une gêne considérable aux réparations. Enfin, il n'est pas jusqu'à l'établissement de fils sur un terrain nu, jardin, cour, etc., qui n'apporte une restriction grave à l'activité du propriétaire puisque, s'il est obligé de respecter tous ces appareils, il se trouve dans l'impossibilité de faire les aménagements qui les dégraderaient et ne peut élever aucune construction ni faire aucun travail de nature à porter atteinte au réseau téléphonique.

L'appui du réseau sur les propriétés privées est cependant indispensable et il faut, une fois établi, qu'il y reste indéfiniment, sous peine de rendre impossible l'exploitation du téléphone. Or, cet appui cause, nous venons de le voir, une gêne considérable à la propriété ; il constitue une restriction importante du droit du propriétaire, et si nous le déclarons, comme cela est nécessaire, perpétuel ou plutôt de la même durée que l'exploitation téléphonique et le service des abonnés, nous arrivons à constituer une servitude onéreuse. Cette servitude grèvera un grand nombre d'immeubles, car le réseau téléphonique, bien plus compliqué que le télégraphique, rayonne dans toutes les directions d'une ville, s'appuyant sur chaque maison pour arriver jusqu'au domicile de chaque abonné, en sorte qu'il y a peu d'immeubles qui puissent échapper à cette charge.

Peut-on vaincre la résistance du propriétaire qui, par un sentiment naturel de protection pour sa propriété, s'oppose au passage du réseau sur son immeuble et, usant de son droit exclusif, refuse aux employés et ouvriers de la Compagnie téléphonique l'entrée de sa maison ? M. Norsa constate que le refus du propriétaire est invincible dans l'état actuel de la législation italienne et nous constaterons la même situation chez nous (1). Le droit de propriété est absolu et exclusif et ne peut céder qu'à une restriction établie par une loi ou un règlement général pris en exécution d'une loi (art. 544 C. civ.) : la loi constitutionnelle d'Italie proclame même formellement, dans son art. 291, l'inviolabilité de la propriété. Donc, tant qu'une loi n'aura pas établi une servitude d'appui pour les appareils téléphoniques, l'on ne pourra avoir raison de la résistance des propriétaires, si injuste et ridicule fût-elle.

Cependant, chez nous, les préfets ont quelquefois pris

(1) Depuis la lecture de cette étude, une loi en date des 28 et 30 juillet 1885, que nous analysons plus bas, est venue combler cette lacune et vaincre la résistance des propriétaires en attribuant le caractère d'utilité publique à toutes les opérations de l'administration pour l'établissement et l'entretien des lignes télégraphiques ou téléphoniques.

des arrêtés pour autoriser les agents de l'administration télégraphique à poser les appareils télégraphiques ou téléphoniques dans le domicile des particuliers, et la jurisprudence a eu à statuer sur la valeur de ces décisions. Le Conseil de la préfecture de la Vienne a, le 17 novembre 1860, décidé que les propriétés riveraines d'un réseau télégraphique étaient grevées d'une servitude d'utilité publique d'appui, ne donnant en cette qualité droit à aucune indemnité. L'arrêté commence par poser en principe que les servitudes d'utilité publique ne donnent par elles-mêmes lieu à aucune indemnité : il constate ensuite que les riverains d'une ligne de chemin de fer sont grevés, par la loi du 15 juillet 1845, d'un grand nombre de servitudes de ce genre ; enfin, tirant un argument d'analogie de cette législation des chemins de fer, il en induit pour les lignes télégraphiques l'existence d'une servitude sans indemnité. Nous n'avons qu'une réponse à faire à cette argumentation : les servitudes d'utilité publique ne se créent pas par analogie, un texte formel est nécessaire pour les établir, puisqu'il s'agit de porter attteinte au principe général de l'inviolabilité de la propriété et de déroger à l'art. 544 C. civ.

Le Conseil d'Etat a consacré, par deux arrêts du 31 août 1861 et du 24 mars 1865, un autre système plus favorable au droit du propriétaire, auquel il reconnnaît un droit à indemnité, mais dont il permet de vaincre la résistance. Le Conseil d'Etat reconnaît qu'il n'existe aucune servitude d'utilité publique pour l'appui des appareils télégraphiques et il déclare que cet appui n'entraîne aucune dépossession partielle de l'immeuble ; dès lors, les travaux exécutés pour l'établissement du réseau sont des travaux publics, et les dommages qui en résultent seront réglés par le Conseil de préfecture, conformément à la règle générale des lois des 28 pluviôse an VIII et 16 septembre 1807.

L'interprétation donnée par le Conseil d'Etat nous paraît forcée et contraire à la nature des choses : il résulte de l'appui des fils télégraphiques une gêne, une restriction constante, qui a bien la nature d'une servitude et est plus grave qu'un simple dommage, même permanent, résultant de l'exécution d'un travail public.

Nous préférons à la théorie consacrée par le Conseil d'Etat celle qui lui fut proposée par les conclusions du commissaire du gouvernement, dans l'arrêt du 31 août 1861 :

« Dans notre droit, disait-il, il y a deux sortes de ser-
» vitudes : 1° *servitude de droit civil*, servitude proprement
» dite, c'est-à-dire charges imposées à un fonds au profit
» d'un autre, qui résultent de la situation des lieux, de
» la loi, de la convention des parties (écoulement des
» eaux, mur mitoyen, rue, égout des toits, droit de pas-
» sage, etc.) ; 2° *servitude de droit administatif* : servitude
» *d'utilité publique*, qui sont, suivant la définition très
» juste d'un auteur : *des modifications apportées par la loi*
» *ou par les règlements à la propriété immobilière en faveur*
» *de l'utilité publique*, qui constituent, pour l'administra-
» tion qui les impose, un droit *sui generis* : ce sont, par
» exemple, l'obligation de souffrir le halage, celle de souf-
» frir l'extract on des matériaux pour travaux publics, etc.
» C'est à une servitude de ce genre que l'arrêté attaqué veut
» assujettir les propriétés particulières dans l'intérêt des
» communications télégraphiques. Il s'agit donc d'une
» charge nouvelle, comme l'admirable invention qui en
» est la cause, d'une charge qui ne peut se rattacher à
» aucun ancien règlement. Précisons bien sa nature, son
» importance ; rendons-nous un compte exact du sa-
» crifice nouveau demandé à la propriété privée. L'arrêté
» du préfet reconnaît et attribue à l'administration deux
» droits : 1° *Etablissement des points d'appui sur les mai-*

» *sons.* — On pourra enfoncer des barres de fer dans les » murs; on pourra en mettre sur les toits. Ainsi, in» convénients de défigurer une façade architecturale, » de faire obstacle à la surélévation, de gêner les répara» tions, de gêner la vue et l'usage des croisées par les » fils, de soumettre les habitants au bruit des fils; c'est » une sorte de vibration de harpe éolienne; il en résulte » une gêne qui a déjà donné lieu à des procès entre » locataires et propriétaires; 2° *Etablir des points d'appui* » *dans les propriétés.* — On pourra donc planter des » mâts dans les cours, une série de poteaux dans les » jardins; un droit d'accès sera implicitement reconnu » aux agents de l'administration pour *surveiller*, *répa*» *rer*, etc. On le voit, il n'y a pas là, comme pour d'autres » servitudes, distinction entre les propriétés closes et » celles non closes. Il y a charge imposée à toutes les » propriétés, et charge *permanente*, perpétuelle. Il ne » s'agit pas d'une occupation temporaire pour exécuter » un travail public, c'est une servitude dont l'existence » est indéfinie. Telles sont les restrictions imposées par » l'arrêté du préfet au droit de propriété.

» Le préfet pouvait-il assujettir les propriétaires en » l'absence de toute loi? Nous ne le pensons pas : nous » croyons que le préfet a excédé ses pouvoirs. Les res» trictions au droit de propriété, les servitudes d'utilité » publique, ne peuvent résulter que d'une loi. Voilà les » principes, le point de départ (art. 649 et 650 C. civ.)

» Comment rattacher la nouvelle obligation qui nous » occupe à un principe déjà écrit dans la loi? Il faudrait » aller jusqu'à étendre à l'ouverture de cette voie de » communication de la pensée les pouvoirs conférés à » l'administration pour assurer l'ouverture ou le main» tien des voies de communication ouvertes à la circu» lation publique, appliquer la loi du 16 septembre 1807.

» Cela est impossible suivant nous. La nécessité d'une » loi pour créer une nouvelle restriction au droit de pro- » priété, a été reconnu par la loi elle-même, et en ma- » tière de télégraphie aérienne (art. 9, loi du 27 décem- » bre 1851). En l'absence de toute disposition législative » à l'égard de la télégraphie électrique, le préfet ne pou- » vait, sans excès de pouvoir, prendre l'arrêté attaqué. »

Nous n'avons rien à ajouter à cette démonstration si nette, si précise et si convaincante. La théorie exposée par le commissaire du gouvernement de 1861, et qui nous paraît la seule vraie, vient d'être récemment adoptée par le tribunal de Lille, dans un jugement du 5 mars 1884 (1). A propos du téléphone, le préfet du Nord avait pris un arrête analogue à celui qui fut soumis à l'appréciation du Conseil d'Etat en 1861 ; la propriétaire s'opposa à l'entrée des agents de l'administration ; elle fut poursuivie, en vertu de l'art. 471, n° 15 C. p., devant le juge de simple police qui la condamna. Sur son appel, le tribunal de Lille réforma la sentence du premier juge par l'arrêt suivant :

« Le tribunal,

» En ce qui concerne les dispositions dudit arrêté :

» Attendu qu'elles autorisent les agents de l'adminis- » tration à pénétrer dans les propriétés closes pour toutes » opérations concernant l'étude, l'établissement et le » fonctionnement du réseau téléphonique et à placer » partout où cela sera nécessaire, dans les propriétés » particulières, des poteaux ou supports pour la pose des » fils conducteurs; qu'elles obligent enfin les tiers intéres- » sés, sauf règlement amiable, à faire couper ou élaguer » les branches des arbres dont le maintien pourrait nuire » au fonctionnement des communications électriques.

» Attendu que ces prescriptions sont inconciliables

(1) *Gaz. du Palais,* 84, 1, 573.

» avec le respect dû à la personne et à la propriété du
» citoyen ; attendu, en effet, qu'aux termes de l'art. 76 de
» la loi du 22 frimaire an VIII, la maison de toute per-
» sonne habitant le territoire français est inviolable ; que
» pour justifier l'autorisation accordée aux agents de
» l'administration des télégraphes de pénétrer, quand
» bon leur semble, dans le domicile des citoyens pour,
» à la fois, l'étude, l'établissement et le fonctionnement
» du réseau téléphonique, il faudrait au moins une dis-
» position de loi expresse et spéciale, disposition qui ne
» se rencontre nulle part ; qu'en vain on allègue que
» chargé des règlements des travaux publics, le préfet
» peut prescrire des mesures qui causeront des torts et
» des dommages aux particuliers, torts et dommages dont
» la réparation est prévue par l'art. 4 de la loi du 28
» pluviôse an VIII ; que, si, en effet, ces torts et dommages
» pouvant s'entendre (en la matière) des travaux exé-
» cutés le long de la voie publique, il est impossible d'ad-
» mettre, en l'absence d'une disposition expresse, qu'ils
» s'appliquent aux dommages pouvant résulter, pour un
» citoyen, de l'autorisation accordée à des agents d'une
» administration quelconque de pénétrer à volonté dans
» son domicile ; que de même, au point de vue du respect
» de la propriété, si on comprend que l'établissement des
» poteaux et supports, prenant leur point d'appui sur les
» propriétés privées, le long de la voie publique, ne cons-
» titue pas une dépossession nécessitant l'expropriation
» préalable, *mais une sorte de servitude de voirie*, il est
» impossible d'admettre qu'il en soit de même lorsque les
» poteaux et supports pourraient s'établir dans une pro-
» priété close et attenante à une habitation en tels ou tels
» points qu'il plairait à l'administration de choisir pour
» l'établissement de la ligne télégraphique au travers de
» la propriété.

» Sur l'obligation enfin pour les tiers intéressés de » couper ou élaguer les branches des arbres dont le » maintien pourrait nuire au fonctionnement des commu- » nications électriques :

» Attendu que cette obligation, imposée par l'art. 9 du » décret du 27 décembre 1851, ne concerne que les lignes » télégraphiques aériennes déjà existantes ; que si cette » disposition s'explique par les graves intérêts qu'il y » avait à ne point laisser sans utilité des appareils déjà » existants, dont le fonctionnement n'est possible que » s'ils ne rencontrent aucun obstacle dans le rayon visuel » qui les sépare, on ne peut non plus admettre que, par » induction et en dehors même de l'analogie, on puisse » appliquer ces prescriptions à l'établissement de nouvelles » lignes de télégraphie électrique.

» Attendu que de ce qui précède il résulte que les dispo- » sitions de l'arrêté auxquelles la demoiselle Desnoulets » a refusé de se soumettre n'ont pas été légalement » prises ;

» Par ces motifs..., »

Ce jugement d'espèce, dont toute l'argumentation porte spécialement sur l'inviolabité du domicile, constate cependant que l'appui des appareils téléphoniques n'est possible qu'en vertu d'une servitude de voirie ; mais il a omis de constater, ce qui est certain, que cette servitude d'appui n'est écrite nulle part encore dans la loi et que la loi seule peut la créer.

Un pourvoi en cassation a été interjeté par le Procureur de la République de Lille, et la chambre criminelle de la Cour de cassation vient de le rejeter par un arrêt du 17 avril 1885 (1) intervenu depuis notre lecture. Nous croyons utile et intéressant de reproduire ici le texte

(1) *Gaz. du pal.*, 85, 1, 666. — D. P., 85, 1, 265.

de l'arrêt et du rapport remarquable de M. le conseiller Vételay qui l'a précédé.

« Le procureur de la République près le Tribunal de première instance de Lille s'est régulièrement pourvu, le 5 mars 1884, contre un jugement de la chambre correctionelle de ce Tribunal, en date du même jour, qui a acquitté Lucie Desnoulets, sur l'appel interjeté par cette dernière d'un jugement du 18 octobre 1883, par lequel le Tribunal de simple police de Tourcoing l'avait condamée à 5 francs d'amende, pour contravention à un arrêté du préfet du Nord du 29 juin 1883, en s'opposant à l'entrée des agents dans sa propriété, dite cercle Saint-Joseph, pour le placement d'un support destiné à porter les fils d'une ligne téléphonique. Elle a interjeté appel de cette décision, et le Tribunal correctionnel de Lille, statuant sur cet appel, l'a relaxée par un jugement en date du 9 mars suivant. Le procureur de la République de Lille a joint au dossier un mémoire dans lequel il semble relever deux moyens de cassation.

» Le premier moyen paraît pouvoir se diviser eu deux branches, mais comme ces deux branches ne sont pas nettement indiquées dans la discusion à laquelle se livre le demandeur, nous les examinerons successivement à raison de la gravité de l'affaire et de sa nouveauté, ainsi que la réponse faite par la défense, bien qu'elle se confonde, en partie du moins, avec nos observations. »

Première branche du premier moyen.

« Fausse application de l'article 76 de la loi du 22 frimaire an VIII, et violation de l'article 2, § 7, section 3, de la loi du 22 décembre 1789, combiné avec l'article 3 de la loi du 28 pluviose an VIII, en ce que le jugement attaqué a déclaré illégale la disposition contenue en l'article 1, § 1 de l'arrêté du préfet du Nord du 29 juin 1883.

» Nous croyons devoir avant tout bien préciser les faits.

» Le procès-verbal constate que la demanderesse s'est opposée à l'entrée des agents préposés à la construction du réseau téléphonique à Tourcoing, dans sa propriété, rue du Moulin-Faget, pour y placer un support. La citation porte qu'elle est prévenue de s'être opposée au placement d'un support du fil dit téléphone sur sa propriété, au cercle Saint-Joseph. Le jugement du tribunal de simple police de Tourcoing contient un considérant ainsi conçu : « Attendu qu'il est justifié par les dépositions des témoins, qu'à la date du 1er octobre dernier, la demoiselle Desnoulets s'est formellement refusée à laisser pénétrer dans sa propriété, dite cercle Saint-Joseph, les agents de l'Etat pour y placer sur la maison le support nécessaire à la construction du réseau téléphonique de Tourcoing. » Il s'agissait donc de placer le support sur une maison qui ne bordait pas la voie publique, et dont les dépendances étaient closes, ainsi que cela résulte du paragraphe suivant d'un des considérants du jugement rendu par le Tribunal correctionnel de Lille : « que de même, au point de vue du respect de la propriété, si on comprend que l'établissement des poteaux et supports prenant leur point d'appui sur les propriétés privées, le long de la voie publique, ne constitue pas une dépossession nécessitant l'expropriation préalable, mais une sorte de servitude de voirie, il est impossible d'admettre qu'il en soit de même lorsque ces poteaux et supports pourraient s'établir dans une propriété close et attenante à nos habitations, en tels ou tels points qu'il plairait à l'administration de choisir pour l'établissement de sa ligne télégraphique. »

» Il résulte de ces divers documents qu'il y a une

maison dans la propriété dite cercle Saint-Joseh, que cette maison ne joint pas la voie publique, dont elle est séparée par une clôture, et que la demanderesse a été poursuivie pour s'être opposée à l'entrée des agents dans les dépendances closes de sa maison, pour placer un support sur cette maison.

» Vous penserez peut-être qu'il n'était pas inutile de bien préciser le fait qui a motivé la poursuite, et de connaître exactement la portée que les ingénieurs et agents des postes et des télégraphes ont donnée à l'arrêté du préfet du Nord et du 29 juin 1883. Nous vous rappelons que le paragraphe 1er de l'article 1er de cet arrêté autorise les agents des télégraphes à pénétrer dans les propriétés closes, sur le territoire des communes de Roubaix et de Tourcoing, pour procéder à toutes les opérations concernant l'étude, l'établissement et le fonctionnement d'un réseau téléphonique. Il s'agit de savoir s'ils peuvent procéder à ces diverses opérations, et notamment à celles qui ont trait à l'établissement et au fonctionnement d'un réseau, même dans les dépendances closes d'une maison habitée. Le préfet du Nord pouvait-il légalement les y autoriser ?

» Vous ne pouvez être appelés à résoudre une question plus importante, tant au point de vue des droits des citoyens, qu'eu égard aux pouvoirs d'une administration dont tous les actes se rapportent à l'intérêt public et dont les services constituent un des ressorts les plus féconds et les plus puissants de la vie sociale. Il nous a donc paru qu'il était indispensable d'étudier avec un soin particulier les règles de droit qui vous permettront de la trancher.

» En principe, la propriété de chaque citoyen est inviolable et n'est susceptible d'aucune atteinte. Mais ce principe, si respectable, souffre pourtant plusieurs exceptions écrites dans diverses dispositions légales, et il en est une qui semble n'avoir pas besoin d'être écrite dans un texte, car elle résulte de la force des choses, je veux parler de celle qui prend sa source dans la nécessité des études préalables à l'exécution des travaux publics. Quand il est utile ou nécessaire de construire une route, un canal, un chemin de fer, il est impossible d'arriver à l'expropriation pour cause d'utilité publique du terrain à occuper pour l'assiette des travaux sans une étude sérieuse des conditions dans lesquelles l'œuvre devra être accomplie. L'intérêt général, la sécurité publique, les préoccupations nécessaires et légitimes relatives à la santé et à la vie des ouvriers qui seront employés aux travaux à accomplir, le souci d'un bon emploi des deniers publics, commandent cette étude et exigent une attention sévère.

» Comment pourrait-elle l'être, si les agents de l'administration ne pouvaient pénétrer sur les terrain privés et s'y livrer librement aux travaux préparatoires ? Aussi, avez-vous décidé, le 4 mars 1825 (1), par un arrêt rendu au rapport de M. le conseiller Aumont, que les agents de l'Etat, autorisés à cet effet par un arrêté préfectoral, pouvaient pénétrer dans les propriétés privées pour y faire des études et des travaux préparatoires.

» Vous aurez sans doute remarqué que cet arrêt est conçu en termes généraux ; il constate le droit des agents de l'Etat de pénétrer sur les terrains privés pour y faire des études et des travaux préparatoires, sans autres formalités qu'une autorisation émanée de l'autorité compétente et un avertissement donné aux propriétaires des terrains. Vous n'avez pas distingué les terrains clos de ceux qui ne le sont pas, car si cette distinction résultait de votre arrêt, les études et les travaux préparatoires eussent été et seraient encore impossibles dans un certain

(1) S. et P. chr. — D. P., 25, 1, 257.

nombre de départements du Centre et de l'Ouest où tous les champs sont entourés et clôturés. Il ne vous aura pas échappé davantage que si vos devanciers ont décidé qu'une opposition des propriétaires à ces études et à ces travaux constitue l'infraction prévue et punie par l'article 438 du Code pénal, ils n'ont fait dériver le droit de l'administration et de ses agents d'aucun texte spécial. Certains auteurs ont trouvé dans les lois des 16 septembre 1807 et 28 pluviôse an VIII le fondement doctrinal et juridique de votre décision ; mais s'il faut constater que l'esprit général de la première de ces lois est favorable à la thèse que vous avez consacrée, l'a fait comprendre et l'a justifie, elle ne contient cependant aucun texte consacrant, par une disposition nette et précise, le droit des agents de l'administration, de pénétrer sur des terrains privés pour y faire des études et des travaux préparatoires. Ces études et ces travaux semblent donc constituer des faits pouvant seulement causer un dommage dont l'appréciation appartient aux tribunaux administratifs, d'après la disposition de l'article 4 de la loi du 28 pluviôse an VIII, et non des actes de nature à aboutir à une dépossession totale ou partielle de l'immeuble, nécessitant une expropriation, et, par conséquent, le paiement d'une indemnité préalable. Aussi, l'autorité compétente, puisant dans le texte précité le droit de causer des dommages aux propriétés privées, puisqu'il crée la juridiction chargée de statuer sur la demande en indemnité qui pourra être introduite à l'occasion de ces dommages, et qu'il est universellement reconnu que, malgré une apparente contradiction, ce texte s'applique aussi bien aux dommages causés par les agents de l'administration qu'à ceux résultant du fait des entrepreneurs, n'a-t-elle jamais hésité à penser qu'après la publication de l'arrêté pris à cet effet par le préfet, les ingénieurs et agents peuvent pénétrer sur les terrains privés, clos ou non clos, pour y faire des études ou des travaux préparatoires. Nous devons ajouter que ce droit leur a été rarement contesté. Vous avez rendu un seul arrêt à cet égard. Le Conseil d'Etat a été saisi de la question un peu plus souvent que vous, mais très rarement. En cherchant bien, peut-être trouverait-on cinq ou six décisions de ce grand corps sur ce point, toutes conformes à la doctrine de votre arrêt du 4 mars 1825. La dernière porte la date du 23 juillet 1857 (1).

» Dans les conclusions déposées en défense au pourvoi, on ne méconnaît pas l'importance de ces décisions ; mais on soutient que, si un simple arrêté préfectoral pouvait suffire pour autoriser les agents de l'Etat à s'introduire dans les propriétés particulières afin d'y procéder aux études préparatoires, sous l'empire de la loi de 1807, qui ne subordonnait à aucune autre formalité l'exercice du droit d'occupation temporaire, il ne peut plus en être ainsi depuis la promulgation du décret du 8 février 1868 qui exige, avec un arrêté préfectoral, l'accomplissement de formalités spéciales et préalables, pour que les agents de l'administration ou les entrepreneurs puissent occuper temporairement des terrains privés, formalités qui n'ont pas été remplies dans l'espèce soumise à votre appréciation. Il en résulterait que les décisions judiciaires ou administratives antérieures à 1868 ne pourraient avoir aucune autorité dans la cause. Il est incontestable que le décret précité a apporté d'importantes modifications à la loi du 16 septembre 1807, en ce qui a trait aux règles qui président à l'occupation temporaire des terrains. Mais lorsqu'on lit, soit le rapport du ministre des travaux publics qui a précédé ce décret et en fait connaître la portée, soit les textes divers qui le composent, il paraît difficile

(1) D. 58, 3, 26.

de ne pas croire que ses dispositions sont applicables, non à la période des études préalables et des travaux préparatoires, mais à l'époque de l'exécution, c'est-à-dire au temps qui suit l'expropriation. Cela nous semble résulter notamment de l'article 1er du décret dont le texte est ainsi conçu : « Lorsqu'il y a lieu d'occuper temporairement un terrain, soit pour y extraire des terres et matériaux, soit pour tout autre objet relatif à l'exécution des travaux publics, cette occupation est autorisée par un arrêt du préfet indiquant le nom de la commune où le terrain est situé, les numéros que les parcelles dont il se compose portent sur le plan cadastral et le nom du propriétaire ; cet arrêté vise le devis qui désigne le terrain à occuper ou le rapport par lequel l'ingénieur en chef chargé de la direction des travaux propose l'occupation. Un exemplaire du présent règlement est annexé à l'arrêté. »

» La disposition règlementaire que nous venons de lire semble contenir tous les éléments nécessaires pour en faire saisir facilement le sens et la portée. Il n'y est question ni d'études ni de travaux préparatoires, elle s'applique à toute occupation temporaire relative à l'exécution de travaux publics. Après avoir caractérisé l'étendue du règlement qu'il édicte, le législateur ajoute que l'arrêté préfectoral vise le devis qui désigne le terrain à occuper. Or, il ne saurait y avoir de devis sans étude préalable, sans travaux préparatoires, et le seul fait de l'insertion de ce mot dans le décret paraît suffire à expliquer que ses dispositions ne s'appliquent pas à la pénétration des agents chargés des études sur les terrains des particuliers, aux dommages résultant des travaux préparatoires qu'ils peuvent avoir besoin d'exécuter. Il est vrai que l'auteur du décret a prévu le cas où il n'y aurait pas de devis, et il a disposé qu'alors ce document serait remplacé par le rapport de l'ingénieur chargé des travaux et proposant l'occupation. On pourrait en conclure, au premier abord, que cette hypothèse se réfère précisément, non à la période d'exécution, mais à la période préparatoire des travaux. Vous penserez peut-être que cette conclusion ne serait pas exacte. Le décret du 8 février 1868 dispose, en effet, dans son article 9, que les règles qu'il édicte s'appliquent aussi bien au cas où les travaux sont exécutés directement par l'administration qu'à ceux où ils sont exécutés par des entrepreneurs. Il y a toujours un devis lorsqu'un entrepreneur est en cause, puisque l'adjudication précède l'entreprise et ne peut avoir lieu qu'après la confection du devis, ce devis ne peut pas exister lorsque l'administration procède elle-même à l'exécution des travaux. Ce document est alors remplacé par le rapport de l'ingénieur en chef. Le rapport de l'ingénieur en chef devant, d'ailleurs, désigner le terrain à occuper (art. 1er, parag. 2 du décret), il paraît difficile que cette désignation puisse être faite sans étude préalable. L'arrêté préfectoral doit indiquer à la fois le nom de la commune où le terrain à occuper temporairement est situé, le numéro des parcelles dont il se compose et le nom du propriétaire ou des propriétaires, s'il y en a plusieurs. On a peine à comprendre comment le préfet pourrait satisfaire à cette exigence du règlement avant que les agents eussent procédé à une étude préalable. Les points à occuper ne seront pas les mêmes si le tracé du chemin de fer, de la route, du canal, suit telle ou telle direction. Comment les hommes de l'art pourraient-ils mettre le préfet en situation de les indiquer avec précision dans son arrêté, s'ils ne s'étaient livrés à aucune étude préalable, à aucun travail préparatoire ? Il semble donc que le décret du 8 février 1868 n'a rien changé à ce qui se passait avant sa promulgation, en ce qui concerne les études et les travaux préparatoires, et, si nous sommes exactement renseignés, les arrêtés préfectoraux autorisant les ingénieurs et agents à pénétrer dans les propriétés privées pour les études, depuis qu'il existe, sont conçus dans les mêmes termes qu'autrefois. Les préfets désigneraient seulement les communes sur le territoire desquelles les opérations préalables à l'exécution des travaux publics doivent être effectuées, sans indiquer les parcelles à parcourir, ni faire connaître leurs numéros. Si les ingénieurs et agents peuvent parcourir les terrains clos ou non des particuliers pour y faire des études et procéder aux travaux préparatoires nécessaires, il semble aussi qu'ils puissent exécuter, sur ces terrains ou à côté d'eux, des travaux ayant un caractère en quelque sorte permanent, pourvu qu'ils soient de nature à causer un simple dommage et non à amener une dépossession totale ou partielle de la propriété. Les ingénieurs et agents des télégraphes ont évidemment les mêmes droits que les autres agents de l'Etat, en ce qui concerne les études et les travaux relatifs aux lignes télégraphiques ou téléphoniques qu'ils ont mission d'établir.

» Si les ingénieurs et agents, dûment autorisés par un arrêté préfectoral, peuvent pénétrer, pour procéder à des études et à des travaux préparatoires, sur des terrains privés clos ou non clos, ont-ils le droit d'entrer, dans ce but, malgré l'opposition du propriétaire, dans les dépendances closes d'une maison habitée? La discussion de cette question, qu'aucun auteur, à notre connaissance du moins, n'a traitée, serait certainement intéressante, et sa solution présenterait un caractère plus ou moins délicat ; mais il nous semble qu'il n'est pas nécessaire de la trancher dans l'espèce qui vous est soumise. L'arrêté préfectoral du 29 juin 1883 donne aux agents de l'administration des télégraphes le droit de pénétrer dans les terrains clos pour leurs études et pour l'établissement et le fonctionnement du réseau téléphonique. Il ne distingue pas entre les terrains clos ordinaires et ceux qui constituent les dépendances d'une habitation. Il autorise donc les ingénieurs et agents à entrer dans les dépendances closes d'une maison habitée, non-seulement pour procéder à des études préalables, mais pour l'établissement des fils et appareils. Il va plus loin : il leur ouvre la porte de l'immeuble contenant une maison après que les études ont été faites, que les appareils ont été établis, que les fils ont été posés, pour procéder aux opérations et réparations que nécessite le fonctionnement du réseau; de sorte que le propriétaire sera tenu de les admettre dans les dépendances closes de sa maison, c'est-à-dire chez lui, pendant un temps d'une durée indéfinie. C'est l'ensemble de cette disposition que le jugement attaqué a déclaré illégal, comme étant inconciliable avec les textes qui consacrent l'inviolabilité du domicile ; c'est le même ensemble que vous avez à apprécier.

» On conçoit très bien que, dans un intérêt supérieur, dans un intérêt, à bon droit appelé public, puisqu'il concerne l'universalité des citoyens, les intérêts privés s'effacent au moins momentanément. On comprend que les ingénieurs et agents aient un libre accès sur les terrains des particuliers pour y faire des études après qu'un arrêté préfectoral a informé le public que leur mission s'exercera sur le territoire de telles ou telles communes ; que des clôtures ne puissent soustraire un terrain à l'effet de leurs recherches préalables. On peut même aller jusqu'à prétendre, avec plus ou moins de succès, qu'ils sont autorisés à pénétrer dans les dépendances closes d'une maison habitée pour procéder à des études. Mais n'est-il pas difficile d'admettre la légalité d'un arrêté qui les autorise à y entrer en tout temps, à toute heure du jour, avant, pendant et après l'établissement d'une ligne téléphonique?

Si ces dépendances doivent leur être ouvertes à la fois pour l'etablissement et le fonctionnement d'une ligne de cette nature, est-il possible de dire que les dispositions de l'article 76 de la Constitution du 22 frimaire an VIII et celles de l'article 184 du Code pénal protègeront encore l'inviolabité du domicile? Sans doute, les agents des télégraphes procèderont aux opérations de nature à assurer le fonctionnement du réseau avec le tact et la mesure dont ils ont toujours fait preuve; mais aux termes du § 1er de l'article 1er de l'arrêté préfectoral du 29 juin 1883, l'entrée des dépendances closes d'une maison habitée ne pourra jamais leur être refusée. Les lignes téléphoniques pourront être établies dans des conditions telles que leur fonctionnement nécessitera des opérations plus ou moins fréquentes. Il en résultera que la cour close, le jardin clos attenant à une habitation, la maison elle-même, car l'article 2 de l'arrêté du préfet du Nord autorise les ingénieurs et agents à placer les poteaux ou supports partout où cela sera nécessaire, devront être ouverts à toute réquisition des agents de l'administration. Les ingénieurs et agents seront les juges bienveillants et réservés, mais enfin les seuls juges de la nécessité des réparations et opérations destinées à assurer le fonctionnement du réseau. Quand ils auront reconnu cette nécessité, la porte de l'immeuble clos contenant la maison devra leur être ouverte. La gravité que créerait le parag. 1er de l'article 1er de l'arrêté préfectoral du 29 juin 1883, si sa légalité était reconnue, ne vous apparaît-elle pas clairement? Ne vous semble-t-il pas qu'une loi serait nécessaire pour autoriser une telle dérogation aux règles qui consacrent l'inviolabilité du domicile? Vous direz, dans ces circonstances, si, en déclarant illégale la disposition du paragraphe 1er de l'arrêté du préfet du Nord, le jugement attaqué a violé les dispositions de la loi invoquée par le pourvoi. »

Deuxième branche du premier moyen.

« La seconde branche de ce moyen est bien près de se confondre avec la première. Nous devons cependant prévoir le cas où vous admettriez la légalité du paragraphe 1er de l'article 1er de l'arrêté du préfet du Nord, et examiner la deuxième branche relative à l'erreur qu'aurait commise le jugement attaqué en déclarant illégale la disposition de l'article 2 de l'arrêté préfectoral précité.

» Nous croyons devoir commencer par vous rappeler que cet article donne aux agents de l'administration le droit de placer des poteaux ou les supports destinés à porter les fils partout où cela sera nécessaire.

» Aucun texte ne règle la matière relative à la création et à l'établissement des lignes télégraphiques ou téléphoniques; l'article 1er, parag. 1er du décret du 27 décembre 1851, déclare seulement que « aucune ligne télégraphique ne peut être établie ou employée à la transmission des correspondances que par le gouvernement ou avec son autorisation. » La question que le pourvoi défère à votre appréciation ne peut donc être examinée et résolue qu'à l'aide des principes généraux du droit.

» Deux points nous paraissent aujourd'hui incontestables : 1° lorsque des travaux publics occasionnent seulement des dommages, qu'elle qu'en soit la nature, qu'ils se présentent avec un caractère simplement temporaire ou qu'ils soient permanents, l'appréciation du préjudice que les propriétaires peuvent éprouver rentre dans les attributions du Conseil de préfecture ; 2° dans le cas, au contraire, où il ne s'agit plus d'un simple dommage, si grave qu'il soit, mais de l'expropriation d'un immeuble, de la dépossession totale ou partielle du propriétaire, la compétence administrative cesse d'exister, les pouvoirs conférés au Conseil de préfecture par la loi du 28 pluviôse an VIII ne peuvent plus s'exercer, il y a lieu à expropriation, à indemnité préalable, et l'administration ne peut pas occuper le terrain nécessaire à l'exécution des travaux avant que cette indemnité ait été réglée. Résumant les principes à cet égard, M. Aucoc dit, en termes excellents, pour indiquer la mesure et l'étendue de la compétence de la juridiction administrative : « Tout ce qui n'est pas expropriation est dommage. » (*Conférences de droit administratif*, t. II, page 418, n° 848). On a soutenu longtemps, il est vrai, que la compétence des Conseils de préfecture devait être restreinte à l'appréciation des dommages temporaires, et que tout ce qui concernait les dommages permanents devait rentrer dans le domaine de la juridiction ordinaire, parce que ces dommages devaient être assimilés à une expropriation partielle. Cette doctrine, condamnée par le Tribunal des conflits, en 1850, a été définitivement abandonnée par la Cour de cassation, le 29 mars 1852 (1). Quelle est donc la nature du fait résultant de la pose d'un poteau ou d'un support destiné à porter les fils d'une ligne télégraphique ? Ce fait constitue-t-il seulement un dommage temporaire ou permanent ? En résulte-t-il, au contraire, une expropriation totale ou partielle, une aliénation du droit du propriétaire, une cession au profit de l'administration, un acte, en un mot, d'une nature telle que l'administration sera absolument substituée au droit du propriétaire, de sorte que l'enlèvement du poteau ou du support advenant, elle conserve ce droit et puisse le céder, soit au propriétaire primitif, soit à un tiers ?

» Nos recherches ont été si longues et si patientes que nous nous croyons presque le droit d'affirmer que la ques-

(1) D. 52. 1. 91.

tion n'a jamais été résolue en ce qui concerne les poteaux; elle a été tranchée quatre fois relativement aux supports: deux fois par le Conseil d'Etat, les 13 août 1861 (1) et 24 décembre 1862, et deux fois par la Cour de Douai, les 31 décembre 1856 et 11 février 1857 (2).

» Le Conseil d'Etat, notamment, a très nettement décidé que « même en supposant que la pose d'un support sur une maison ait pu créer une servitude, elle n'entraînerait aucune dépossession de propriété. » Il a conclu de là que ce fait ne constituait qu'un dommage résultant de l'exécution d'un travail public, dont, aux termes des lois des 28 pluviôse an VIII et 16 septembre 1807, il appartient aux conseils de préfecture de connaître (Décision du 24 décembre 1862).

» Peut-on admettre que, d'une manière générale, les travaux nécessaires à la création d'une ligne télégraphique ou téléphonique, qu'il s'agisse de l'établissement des supports ou de le pose des poteaux, constituent seulement des dommages temporaires ou permanents? Nous avons vainement cherché une appréciation sur ce point dans les ouvrages des maîtres les plus renommés de la science du droit administratif: ni M. Dufour, ni M. Ducrocq, ni M. Serrigny, ni M. Aucoc ne s'occupent de cette question.

» Un seul auteur, M. de la Monnoye, ancien greffier de votre chambre civile, y a touché dans son *Traité théorique et pratique de l'expropriation*, et paraît s'être prononcé affirmativement sur cette question. « L'indemnité préalable, dit-il au numéro 7, tome 1er, page 11 de ce *Traité*, ne s'applique pas non plus aux servitudes légales crées sur des propriétés privées, placées dans le voisinage de certaines natures de biens et de certains travaux ou éta-

(1) D. 61. 3. 81.

(2) *Jurisprudence de la Cour de Douai*, 1857, p. 127.

blissements publics ; il en est spécialement ainsi à l'égard des servitudes légales résultant de l'établissement d'un cimetière, de la construction des fortifications d'une place de guerre, de l'établissement d'un chemin de fer, *de la pose de fils télégraphiques dans une propriété privée*, de la déclaration de navigabilité d'une rivière, de l'établissement d'un chemin de halage ou d'un marchepied, de la transformation d'une forêt particulière en forêt de l'Etat, de l'érection d'un chemin communal en route nationale. Il peut, dans quelques-uns de ces cas et suivant certaines distinctions, y avoir lieu à une indemnité, mais il n'y a pas expropriation ; l'indemnité n'est ni préalable ni judiciairement réglée. » M. de la Monnoye formule une règle générale, et ne distingue pas entre la nature des divers faits résultant de l'établissement des lignes télégraphiques ou téléphoniques. Il ne parle ni de poteaux ni de supports, ni de fils appuyés ultérieurement et traversant purement et simplement une propriété privée. Dans sa pensée, la plantation des poteaux, l'apposition des supports, la traversée des fils peuvent donner lieu à une indemnité déterminée par la juridiction administrative ; elles ne sauraient amener une expropriation. Vous hésiteriez peut-être à adopter cette solution en ce qui concerne la plantation des poteaux.

» Quoi qu'il en soit, il en est certainement ainsi lorsque les supports (et nous rappelons que, dans l'espèce, il ne s'agit que d'une opposition au placement d'un support) sont établis sur des maisons dont la façade est contiguë à la voie publique : c'est ce que le Conseil d'Etat a très nettement décidé, les 31 août 1861 et 24 décembre 1862. La solution doit-elle être la même lorsque ces maisons sont construites en retrait et précédées d'une cour close, ou bâties entre cours et jardins clos, et peut-on dire que le fait d'établir des supports appuyés sur la maison, en traversant la cour ou le jardin clos, devant ou derrière la maison, ou même par côté, partout où cela sera nécessaire, comme l'énonce l'arrêté du préfet du Nord, constitue seulement un dommage temporaire ou permanent ?

» La question n'a jamais été résolue, ni par la juridiction administrative, ni par la justice ordinaire, et la logique semble indiquer qu'elle doit être tranchée dans le sens de l'affirmative. On se demande comment un fait qui constitue seulement un dommage dans des conditions déterminées pourrait équivaloir à une dépossession et nécessiter une expropriation à des conditions différentes? L'apposition du support, qui peut rendre la jouissance de l'édifice moins agréable quand il est placé sur la façade d'une maison joignant la voie publique, est de nature à porter une atteinte plus sérieuse encore à l'agrément et à la commodité de l'habitation lorsqu'il est apposé sur une maison bâtie au milieu d'un immeuble clos ; mais peut-on prétendre qu'une portion quelconque de la maison, de la cour, du jardin, est enlevée au propriétaire ? Est-il définitivement dépossédé d'une partie de sa propriété ?

» Ces raisons peuvent, au premier abord, paraître déterminantes, mais une attention plus grande, un examen approfondi et de mûres réflexions font naître des doutes sur leur valeur. Il est impossible de ne pas reconnaître que la situation est infiniment plus grave dans l'affaire actuelle que dans l'espèce jugée par le Conseil d'Etat en 1861 et 1862. Il ne s'agit plus de l'établissement de supports sur la façade d'une maison joignant la voie publique, il est question de l'apposition d'un support dans les dépendances closes d'une maison habitée, dans une cour qui sépare cette maison de la rue ; mais, aux termes de l'art. 3 de l'arrêté préfectoral, les agents de l'administration auraient pu manifester la prétention de planter ce support partout où ils l'auraient jugé nécessaire. La portée de l'art. 2 est donc celle-ci : les agents de l'administration pourront placer des supports dans les propriétés closes, même dans les dépendances des maisons habitées, partout où cela leur paraîtra nécessaire. Ils auront le droit d'apposer ces supports soit sur les bâtiments accessoires, écuries, remises ou hangars, soit sur la maison d'habitation et sur toutes les faces de cette maison. L'arrêté préfectoral ne leur donne pas seulement le droit de pénétrer dans les lieux clos et dans les dépendances closes des maisons habitées pour leurs études et leurs travaux, l'art. 2 les autorise implicitement et l'art. 1er, parag. 1er expressément, à se faire ouvrir la porte de l'immeuble clos contenant une maison habitée, pour assurer le fonctionnement du réseau téléphonique lorsqu'il sera établi. Il en résulte que le domicile d'un citoyen devra leur être ouvert pendant un temps d'une durée indéterminée, et que la règle déclarant le domicile inviolable recevra une grave atteinte, par suite du choix fait par un agent d'une dépendance d'une maison habitée pour l'apposition d'un support, en vertu du droit puisé dans un arrêté préfectoral. Ce droit ne s'exercera pas seulement pendant des mois ou des années, mais aussi longtemps que la ligne télégraphique ou téléphonique sera exploitée, et elle peut l'être pendant un temps dont il est impossible de prévoir la durée. Les ingénieurs et agents de l'administration requerront sans doute rarement l'entrée de l'immeuble, mais ils ne peuvent savoir ce qu'imposeront les besoins du service, ce que nécessitera le fonctionnement d'appareils sans cesse en progrès. Le droit, une fois reconnu, les limites de l'usage de ce droit ne peuvent être indiquées.

» Si vous pensez que les travaux exécutés dans les conditions prévues par l'article 2 de l'arrêté préfectoral, nécessitant comme conséquence forcée l'entrée du domicile pour assurer le fonctionnement de la ligne à toute réquisition des agents, ne constituent qu'une servitude de voirie dont la création est simplement de nature à causer des dommages temporels ou permanents, la défenderesse n'a pas eu le droit de s'opposer au placement d'un support dans la cour de son immeuble, l'arrêté préfectoral a été légalement pris, l'appréciation de l'indemnité appartient au Conseil de préfecture et le jugement attaqué a encouru votre censure.

» Si vous croyez, au contraire, que du placement d'un support sur une maison, dans l'intérieur d'une cour close, entraînant nécessairement le droit d'entrer dans l'immeuble pour toutes les opérations nécessaires au bon fonctionnement de la ligne téléphonique, et faisant brèche à l'inviolabilité du domicile résulte une servitude de la nature la plus onéreuse équivalant à une véritable dépossession partielle, vous rejetterez le pourvoi.

Deuxième moyen.

» Le second moyen est pris de la violation de l'article 2, § 5, section 3, de la loi du 22 décembre 1789, combiné avec l'article 3 de la loi du 22 pluviôse an VIII, et de l'article 2 du décret du 27 décembre 1851 en ce que le jugement attaqué a déclaré illégale, la disposition de l'article 3 de l'arrêté du préfet du Nord du 29 juin 1883, relative à l'élagage des arbres.

» Nous ne pensons pas seulement, comme la défense, que le jugement attaqué aurait pu se dispenser d'examiner la question que le second moyen vous convie à trancher, nous estimons qu'il aurait dû la laisser de côté. La demanderesse, en effet, n'était pas prévenue d'un défaut d'élagage des arbres, mais uniquement d'avoir refusé de laisser placer un support dans la cour de son immeuble.

Dans ces conditions, que l'art. 3 de l'arrêté préfectoral, relatif à l'élagage des arbres, contienne ou ne contienne pas une illégalité, cela ne peut avoir aucune influence sur la décision à intervenir, puisque le fait incriminé sera ou ne sera pas l'objet d'une répression uniquement si l'arrêté du préfet a été ou non pris légalement dans les articles 1 et 2. Il nous semble donc que ce moyen, quelle que soit la valeur juridique de la doctriue du jugement en ce qui concerne l'illégalité prétendue de l'article 3 de l'arrêté, n'a en fait aucun intérêt.

» La Cour appréciera. »

Conformément aux conclusions de ce rapport, la Chambre criminelle a rendu l'arrêt suivant :

La Cour,

Sur le premier moyen tiré de la violation des articles 2, § 7, section 3 de la loi du 22 décembre 1789, 3 et 4 de la loi du 28 pluviôse an VIII, et de la fausse application de l'art. 76 de la loi du 22 frimaire an VIII :

Attendu que le préfet du Nord a pris, à la date du 29 juin 1884, un arrêté dont l'art. 1, § 1, et l'article 2 sont ainsi conçus :

« Art. 1. M. le directeur-ingénieur des postes et télé-» graphes, les fonctionnaires et agents sous ses ordres, » sont autorisés à procéder, sur le territoire des com-» munes de Roubaix et de Tourcoing, à toutes les opé-» rations concernant l'étude, l'établissement et le fonc-» tionnement d'un réseau téléphonique, et notamment à » pénétrer dans les propriétés closes ;

» Art. 2. Les fils seront supportés par des poteaux ou » des supports qui seront placés partout où cela sera né-» cessaire, sauf réparation amiable, des dégradations » provenant des travaux, soit sur les propriétés particu-» lières ; »

Attendu qu'il résulte des termes du procès-verbal en date du 1er octobre 1883, et des constatations du jugement attaqué que les agents de l'administration ayant voulu pénétrer, en exécution des dispositions précitées, dans les dépendances closes d'une maison dite du Petit-Saint-Joseph, pour y placer un support, la demoiselle Desnoulets a refusé de les laisser entrer dans sa propriété ; que, poursuivie à raison de ce fait, en simple police, elle a opposé l'illégalité de l'arrêté préfectoral, et qu'il a été fait droit à ses conclusions par le jugement attaqué ;

Attendu qu'aucun texte de loi ne dispose que les agents de l'administration des télégraphes pourront être autorisés à pénétrer dans les dépendances closes d'une maison pour y apposer des supports ou des poteaux, sans que les formalités relatives à l'expropriation pour cause d'utilité publique aient été accomplies et sans le paiement d'une indemnité préalable; qu'en décidant, dans ces circonstances, que les dispositions précitées de l'arrêté du préfet du Nord, du 29 juin 1883, ne sont ni légales, ni obligatoires, le jugement attaqué n'a ni violé, ni faussement appliqué les articles de lois ci-dessus visés ;

Sur le deuxième moyen pris de la violation des articles 2, § 5, section 3 de la loi du 22 décembre 1789, de la loi du 28 pluviôse an VIII, et 2 du décret du 27 décembre 1851 ; en ce que le jugement attaqué a déclaré illégal l'article 3 de l'arrêté du 29 juin 1883, disposant que les tiers intéressés devront faire couper ou élaguer les branches des arbres dont le maintien pourrait nuire au fonctionnement des communications électriques :

Attendu, en fait, que la prévenue a été poursuivie uniquement pour avoir refusé de laisser pénétrer les agents du Télégraphe dans sa propriété, dite du Petit-Saint-Joseph; que le procès-verbal n'énonce pas qu'elle a refusé de couper ou élaguer des branches, et que la citation ne relève aucun chef de prévention à cet égard; que la question de savoir si l'article 3 de l'arrêté du 29 juin 1883 a été, ou n'a pas été légalement pris, est donc sans intérêt, puisque la solution de cette question ne peut avoir aucun effet sur le sort de la prévention à laquelle ce texte est complètement étranger;

Par ces motifs,

Rejette.

MM. Vételay, rapporteur; Loubers, avocat général Me Sabatier, avocat.

Ainsi donc, violation du domicile des propriétaires pour les fils placés dans l'intérieur des habitations et enclos y attenant, dépossession partielle pour les réseaux souterrains, servitude d'appui pour les réseaux aériens, autant d'atteintes au droit de propriété, qui ne peuvent être créées que par une loi, ainsi que le constate M. Norsa.

Du reste, la loi qui imposera cette servitude d'utilité publique accordera aux propriétaires une indemnité; c'est l'avis de M. Norsa, c'est de toute justice, quoiqu'il soit de principe que les servitudes d'utilité publique ne donnent aucun droit à indemnité.

Ces principes ont été également consacrés par une ordonnance sur référé du président du tribunal civil de Boulogne, rendue le 25 mai 1885 (1) dans les circonstances et dans les termes qui suivent :

M. Marroni, directeur des facteurs express à Boulogne-sur-Mer, voulant établir des succursales dans différents quartiers de la ville, résolut de relier par des lignes téléphoniques ses divers bureaux-succursales à son établissement principal. Il n'existe pas de bureau téléphonique à Boulogne. Marroni obtint de M. le préfet du Pas-de-Calais un arrêté l'autorisant à établir lesdites lignes et portant

(1) *Gaz. du Palais*, 85, 2 Suppl., p. 20.

notamment que « les fils seraient supportés par des po- » teaux ou des supports qui seraient placés partout où » cela serait nécessaire, sauf réparation amiable des dé- » gradations provenant de travaux soit sur les édifices » publics, soit sur les propriétés particulières. »

Sur la demande de M. Marroni, l'administration des postes et télégraphes procéda à l'installation de ce réseau privé. Elle installa en même temps deux autres lignes privées, l'une pour la Compagnie du gaz et l'autre pour un sieur Jarrett, entrepreneur de pompes funèbres, bien que ce dernier n'eut aucune autorisation préfectorale. Au cours de ces travaux, une console portant quatre porcelaines isolatrices fut placée, malgré l'opposition du représentant des propriétaires, sur la façade d'une maison sise Grande-Rue, et dépendant de la succession de Mme Lefebvre-Sénéca.

Les héritiers Lefebvre-Sénéca assignèrent alors l'administration des postes et télégraphes en référé devant M. le président du tribunal civil de Boulogne, pour voir ordonner l'enlèvement immédiat des appareils posés sur leur propriété.

Le président rendit l'ordonnance suivante :

Nous président,

Attendu que Senlis-Botte et consorts ont fait exposer qu'ils sont propriétaires d'une maison sise à Boulogne-sur-Mer, Grande-Rue, 2, et que, sans droit, sans signification ni aucune formalité accomplie, et malgré un refus formel de laisser procéder, l'administration des télégraphes téléphoniques a fait poser sur ladite maison des poteaux d'au moins deux mètres de hauteur, encastrés dans le mur par des morceaux de fer avec des porcelaines isolatrices pour placer les fils téléphoniques d'établissements privés; qu'ils prétendent qu'on ne saurait agir avec plus de mépris des droits d'autrui et de la propriété privée, et demandent la destruction et l'enlèvement des poteaux et fils posés;

Attendu que le sieur Mortier, au nom de l'administration des télégraphes téléphoniques, allègue qu'il s'agit de travaux autorisés par arrêté préfectoral, et conclut à l'incompétence du tribunal civil et par conséquent du juge des référés;

Attendu qu'il ne s'agit pas, dans l'espèce, de difficultés relatives à des dommages résultant de travaux publics régulièrement autorisés; qu'en effet, les demandeurs ne se plaignent pas de la conséquence dommageable d'un travail public, mais bien d'une atteinte portée à la propriété privée par l'entreprise même du travail sur leur propriété; que, d'autre part, le travail qui donne lieu à contestation ayant pour objet l'établissement de trois lignes télégraphiques privées ne peut, à aucun point de vue, être considéré comme un travail public; que ces lignes sont établies, l'une pour le sieur Jarret, entrepreneur de pompes funèbres, l'autre pour le sieur Marroni, entrepreneur, directeur de commissionnaires publics, et le troisième pour la Compagnie du gaz ayant pour but de relier leurs établissements principaux à des succursales; qu'à la vérité l'installation de ces lignes a été autorisée par l'autorité administrative, mais que ladite autorisation n'implique pas qu'il s'agisse de travaux publics, puisqu'elle peut s'appliquer à des travaux privés et que, dans ce cas, elle n'en change pas le caractère privé, *que les travaux publics sont ceux qui sont exécutés, après autorisation de l'autorité compétente, par l'administration ou ses ayants droits pour le compte de l'Etat, des départements, des communes ou des établissements publics en vue des services publics dont la gestion est confiée à ces différentes personnes morales;* que dès lors le caractère public ne saurait être reconnu à l'établissement de lignes téléphoniques privées;

Attendu, au surplus, qu'en admettant même que le travail en question puisse être considéré comme un travail public, il créerait, ainsi que le tribunal des conflits l'a déclaré dans un jugement du 13 décembre 1884, une véritable servitude d'utilité publique, laquelle, aux termes de l'article 650 du Code civil, ne peut être établie que par des lois ou des règlements;

Attendu qu'en l'absence de toute disposition de la loi ou du règlement, un arrêté préfectoral ne peut créer une servitude de ce genre;

Attendu que si, dans l'espèce, il existe au profit de Jarrett un arrêté préfectoral, ce qui n'est pas démontré, puisqu'il n'a pas été notifié aux demandeurs et que celui rendu par Marroni est seul produit, cet arrêté ne saurait revêtir le caractère d'acte administratif rentrant dans le cercle des attributions de l'autorité préfectorale;

Par ces motifs,

Nous déclarons compétent;

Adjugeons à Senlis-Botte et consorts les conclusions de leur exploit introductif de l'instance en référé.

En conséquence, au principal, renvoyons les parties à se pourvoir, et, dès à présent et par provision, vu l'urgence, ordonnons la destruction et l'enlèvement des poteaux et fils téléphoniques mis sur la propriété du sieur Senlis-Botte;

Disons les défendeurs tenus de procéder à cet enlèvement dans les 48 heures de la prononciation de la présente ordonnance;

Disons que les consorts Senlis-Botte pourront, après ce délai, faire procéder eux-mêmes audit enlèvement avec l'assistance de la force armée, s'il y a lieu, etc.

Me de Beaumont, av.; M. Morter, contrôleur des télégraphes, plaidant.

Sur l'appel interjeté par l'administration des postes et télégraphes, la Cour de Douai a confirmé l'ordonnance par un arrêt du 23 décembre 1885.

La Cour,

Attendu qu'après avoir été autorisée par un arrêté de M. le préfet du Pas-de-Calais, l'administration des télégraphes téléphoniques commença, à Boulogne-sur-Mer, les travaux nécessaires pour établir un service téléphonique dans l'intérêt privé de diverses personnes; qu'elle fit placer dans le mur extérieur de la maison sise à Boulogne-sur-Mer, Grande-Rue, 2, des poteaux retenus par des crampons de fer, avec des porcelaines isolatrices pour le passage des fils; que les propriétaires de ladite maison, les époux Senlis-Botte et autres, ont protesté contre ces agissements qu'ils considèrent comme une violation de leurs droits; que leurs protestations restant sans effet, ces propriétaires ont présenté requête à M. le président du Tribunal de Boulogne-sur-Mer, jugeant en référé, pour, au principal, renvoyer les parties à se pourvoir, et dès à présent, vu l'urgence, ordonner la destruction et l'enlèvement des poteaux et des fils téléphoniques; que cette requête ayant été répondue, et l'administration des lignes télégraphiques régulièrement assignée, le président rendit une ordonnance par laquelle, repoussant la prétention de l'administration des télégraphes, et se déclarant compétent, il ordonnait au provisoire la destruction et l'enlèvement des poteaux et des fils placés sur la maison des demandeurs;

Attendu que les défendeurs ont relevé appel de cette décision; que M. le préfet du Pas-de-Calais a présenté un déclinatoire requérant le renvoi à l'autorité administrative, et la déclaration d'incompétence de l'autorité judiciaire sur l'ordonnance rendue; que, conformément à l'art. 1er de la loi du 1er juin 1828, M. le procureur général a déposé ce déclinatoire sur le bureau de la Cour et en a donné lecture; qu'il y a lieu de lui donner acte de l'accomplissement de cette formalité;

Sur la fin de non-recevoir opposée à l'appel :

Attendu que devant le juge du référé les défendeurs ont conclu à l'incompétence de la juridiction civile et au renvoi devant la juridiction administrative; que le juge, avant d'examiner le débat dont il était saisi au provisoire, a dû trancher cette question préalable, et choisir, entre les deux juridictions, celle qu'il estimait compétente;

Attendu que l'incompétence soulevée, touchant aux différentes natures de juridiction, était d'ordre public, et que les défendeurs ne pouvaient, dès lors, transiger à son endroit ni directement, ni indirectement; que l'on soutient, à la vérité, qu'en enlevant eux-mêmes les poteaux et les fils, et en exécutant ainsi volontairement la décision du Président, ils ont acquiescé à ce qu'elle ordonne et renoncé à l'attaquer; mais que leur acquiescement ne peut s'appliquer à la question de compétence qui peut toujours être soulevée d'office par le juge; qu'en admettant donc, en fait, que les actes accomplis par les défendeurs soient assez énergiques pour être considérés comme un acquiescement, ils resteraient inopérants dans la cause; que l'appel est donc recevable;

Au fond :

Attendu que les travaux que l'administration des télégraphes téléphoniques prétend exécuter sur la maison des intimés, et le service auquel elle prétend l'assujettir constituent au préjudice de cet immeuble une servitude d'utilité publique; que l'art. 650 C. civ. a réglé limitativement l'établissement de ces servitudes; qu'il résulte de cet article que, seuls, des lois ou des règlements peuvent les créer; qu'il n'est absolument rien dit de semblable des arrêtés préfectoraux; que, de ce silence de la loi, il faut nécessairement conclure que les arrêtés préfectoraux sont impuissants à créer des servitudes légales d'utilité publique; que cette solution est confirmée par la loi du 28 juillet 1885, qui a autorisé les préfets à prendre des arrêtés pour autoriser et réglementer des travaux relatifs à l'entretien et au fonctionnement des lignes télégraphiques et téléphoniques, lorsque ces travaux créent des servitudes légales; qu'il est de toute évidence que la loi précitée n'aurait pas pris le soin d'accorder spécialement ce droit à l'autorité préfectorale, si déjà elle en avait joui; qu'il faut donc distinguer entre les arrêtés préfectoraux pris avant, et ceux pris après la loi du 28 juillet 1885;

Attendu que, dans l'espèce, les arrêtés de M. le préfet du Pas-de-Calais portent les dates des 29 mars 1884 et 11 mai 1885; qu'ils n'ont donc pas eu le pouvoir de créer la servitude légale d'utilité publique;

Par ces motifs,

Dit que l'appel relevé par la direction des Postes et Télégraphes est recevable;

Statuant au fond,

Donne acte à M. le Procureur général du dépôt par lui effectué sur le bureau de la Cour du déclinatoire d'incompétence soulevé par M. le préfet du Pas-de-Calais en date du 5 décembre 1885;

Dit qu'il n'y a lieu de s'arrêter à ce déclinatoire;

Confirme.

Le tribunal des conflits s'était déjà prononcé dans le

même sens quelque temps avant l'arrêt de la Chambre criminelle de la Cour de cassation, le 13 décembre 1884 (1), dans l'espèce suivante : « L'administration des postes et des télégraphes, autorisée par un arrêté du préfet de la Marne, en date du 13 décembre 1882, à procéder à l'établissement, dans la ville de Taisy, d'un réseau téléphonique, et à toutes les opérations concernant l'étude, l'établissement et le fonctionnement de ce réseau, et, notamment, à pénétrer dans les propriétés closes, fit exécuter les travaux nécessaires. Les agents de l'administration entrèrent dans les propriétés privées et firent placer sur les toits de diverses maisons les poteaux destinés au soutien des fils téléphoniques. Les sieurs Neveux et consorts, lésés par ces travaux, assignèrent le directeur des postes et télégraphes du départemeut de la Marne devant le tribunal civil de Reims, à l'effet de s'entendre condamner à enlever tous les fils et engins quelconques établis sur lours maisons, avec dommages-intérêts. — Ils se fondaient : 1° sur l'atteinte portée à leur droit de propriété et à l'inviolabilité de leur domicile ; 2° sur ce que les travaux dont ils poursuivaient la suppression n'avaient pas le caractère de travaux publics, puisqu'ils servaient à mettre en communication le domicile des particuliers, abonnés de l'administration, avec ses bureaux publics ; 3° sur ce que, s'il s'agissait de travaux publics, ceux-ci n'auraient pas été régulièrement autorisés. — Un déclinatoire présenté par le préfet fut accueilli par un jugement du 27 mars 1884, attendu que les travaux avaient été exécutés en vertu de l'arrêté du 13 décembre 1882, lequel constituait un acte administratif; que l'autorité judiciaire ne pouvait ordonner ni la suppression ni la suspension de travaux faits

(1) D. P. 85, 3, 33.

pour le compte de l'Etat et ayant le caractère de travaux publics, alors même que les formalités exigées par les lois d'expropriation n'auraient pas été remplies; et, enfin, que les faits énoncés ne constituaient pas une servitude, et que, s'agissant d'un dommage permanent résultant de travaux publics, il n'appartenait qu'à l'autorité administrative d'en connaître.

Sur l'appel interjeté par les sieurs Neveux et consorts, le préfet a élevé le conflit.

Le tribunal des conflits : — Considérant que les travaux dont les sieurs Neveux, Mennesson et consorts demandent la suppression ont été exécutés par les agents de l'administration des postes et télégraphes en dehors de la voie publique, et qu'ils ont incontestablement pour assiette la toiture de maisons ou l'intérieur de propriétés closes appartenant aux demandeurs; — considérant qu'en admettant même que ces travaux soient des travaux publics, ils constitueraient une véritable servitude d'utilité publique, laquelle ne peut être établie, aux termes de l'article 650 Code civil, que par des lois ou des règlements; — considérant qu'en l'absence de toute disposition de loi ou de règlement, un arrêté du préfet ne peut créer une servitude de ce genre, et qu'on ne saurait reconnaître à l'arrêté pris par le préfet du département de la Marne, le 13 décembre 1882, le caractère d'acte administratif rentrant dans le cercle des attributions de l'autorité préfectorale; — considérant, dès lors, que le préfet n'était pas fondé à revendiquer, en vertu des lois des 28 pluviôse an VIII et 16 septembre 1807, la connaissance pour l'autorité administrative de la contestation soulevée par les sieurs Neveux, Mennesson et consorts. — Décide : l'arrêté de conflit est annulé. »

Du 13 déc. 1884. — Trib. des conflits. — MM. Merville, pr.; Loubers, concl.; Devin et Choppard, av.

Malgré la décision si nette et si ferme du tribunal des conflits, le Conseil d'Etat, persistant dans sa jurisprudence, a, le 23 janvier 1885, rendu un arrêté qui attribue à l'établissement d'une ligne télégraphique le caractère d'ouvrage public, et au dommage en résultant le caractère de dommage provenant de l'exécution de travaux publics et de la compétence des conseils de préfecture, conformément à l'article 4 de la loi du 28 pluviôse an VIII.

En 1879, l'administration des postes et des télégraphes, procédant à l'établissement d'une ligne télégraphique à Condom, fit passer sur le mur de face d'une maison appartenant à la dame Castaing, une console destinée à supporter six fils télégraphiques. La demoiselle Castaing protesta contre ce travail, mais sans donner aucune suite à sa protestation. Dans la nuit du 6 au 7 mai 1880, un incendie se déclara dans une maison voisine devant laquelle passait le réseau, et une poutre tombant sur les fils produisit une commotion si violente que la console fut arrachée en enlevant la maçonnerie dans laquelle étaient fixées les tiges en fer. L'administration fit réparer les brèches et récrépir le mur. Mais la demoiselle Castaing prétendit que l'accident avait compromis la solidité de la maison qui, sujette à l'alignement, ne pouvait être réparée; qu'elle se trouvait, par suite, dans la nécessité de la reconstruire entièrement, en reculant la façade de $1^{m},50$; en conséquence, elle intenta, devant le Conseil de préfecture du Gers, une action en responsabilité contre l'Etat en réclamant 25,000 fr. de dommages-intérêts. Cette demande a été rejetée par ces motifs : que le dommage, qui provenait uniquement de la traction extraordinaire subie par les fils, par suite de la chute d'une poutre tombée sur eux durant un incendie, ne résultait ni de l'exécution d'un travail public, ni directement de l'œuvre elle-même, et que, dès lors, il n'appartenait pas au conseil d'en connaître, en vertu de l'art. 4 de la loi du 28 fructidor an VII; qu'en admettant même qu'on pût les considérer comme se rattachant à l'exécution d'un travail public, la responsabilité de l'Etat ne pouvait être engagée, puisque l'accident était arrivé par cas fortuit et qu'aucune faute n'était reprochée à l'administration.

Recours au Conseil d'Etat par la demoiselle Castaing, qui demanda d'abord la réformation de l'arrêté du Conseil de préfecture, puis conclut ensuite à ce que cet arrêté fût annulé pour incompétence. D'après la jurisprudence du tribunal des conflits (arrêt du 13 décembre 1884), disait-elle, le travail exécuté sur sa maison a été illégalement autorisé, puisqu'en l'absence d'une disposition de loi ou de règlement, un arrêté préfectoral ne peut créer une servitude de ce genre, et qu'on ne saurait reconnaître à l'arrêté du préfet du Gers le caractère d'un acte administratif rentrant dans le cercle des attributions de l'autorité préfectorale. A défaut d'une autorisation régulière, le travail exécuté par l'administration ne pouvait avoir le caractère de travail public, et, par conséquent, le Conseil de préfecture ne pouvait être compétent pour connaître des dommages se rattachant à ce travail.

Le Conseil d'Etat; — Vu les lois du 28 pluviôse an VII et du 16 septembre 1807;

Sur la compétence : — Considérant que la demande portée par la demoiselle Castaing devant le conseil de préfecture tendait à faire condamner l'Etat à lui payer une indemnité à raison du dommage qui aurait été occasionné à sa maison, le 7 mai 1880, par suite de l'apposition, par l'administration des télégraphes, sur le mur de face, d'une console d'appui supportant les fils télégraphiques de Condom à Lectoure; — considérant que ladite console et les fils qu'elle supporte font partie de la ligne télégraphique établie, *laquelle constitue un ouvrage public; qu'ainsi le préjudice dont se plaint la demoiselle Castaing rentre dans les torts et dommages résultant de l'exécution de travaux publics*, dont l'article 4 de la loi du 28 pluviôse an VIII attribue la connaissance au conseil de préfecture;

Au fond : — Considérant que le dommage causé à la maison de la demoiselle Castaing résulte de l'ouvrage public établi dans les conditions précitées; que si la secousse qui a déterminé l'arrachement de la console a été occasionnée par la chute sur les fils télégraphiques d'une poutre d'une maison incendiée, cette circonstance ne fait pas obstacle à ce que l'État soit responsable vis-à-vis de ladite demoiselle Castaing du dommage dont s'agit; — considérant qu'il résulte de l'instruction que l'arrachement de la console a eu pour conséquence de causer un ébranlement au mur de la maison et d'en abréger la durée, et qu'il sera fait une juste appréciation de l'indemnité à laquelle la requérante a droit en lui allouant une somme de 1,500 fr.

Etc.....

Art. 1er. — L'arrêté..... est annulé.

Du 23 janvier 1885. — Cons. d'Etat. — MM. Romieu, rapp.; Chantre-Grellet, concl.; Sabatier et Choppard, av.

Le rapprochement de cette décision du Conseil d'Etat et de l'arrêt précité du tribunal des conflits a été diversement apprécié. M. Ducroq, dans une note sous ces deux décisions (D., P. 85, 3, 33 et 34), les considère comme contradictoires et estime qu'elles consacrent deux principes opposés; il se prononce en faveur de l'arrêté du Conseil d'Etat, comme plus judicieux et nécessaire au développement des réseaux télégraphiques et téléphoniques. On a cependant tenté de concilier ces deux décisions, en alléguant qu'elles statuent sur des espèces différentes

(Not. sous Cass., 18 avril 1885 précité; D., P. 85, 1, 265); que, dans l'affaire soumise à l'examen du Conseil d'Etat, on s'était plutôt attaché à demander la réparation de dégradations résultant d'un fait spécial de l'administration, qu'à contester la légalité des travaux et à invoquer l'existence d'une servitude; qu'enfin, tandis que dans les espèces jugées par le tribunal des conflits et la Cour de cassation il s'agissait de pénétrer dans l'intérieur de la propriété pour y établir les fils, dans celle déférée au Conseil d'Etat l'administration usait simplement du mur de face, sans faire pénétrer des agents dans l'intérieur de la propriété et sans en troubler gravement l'usage : distinction importante et justement relevée dans le rapport qui a précédé l'arrêt de la Chambre criminelle.

Les Compagnies qui exploitent le service téléphonique n'ont d'autre ressource, en attendant cette loi future dont la nécessité est ici évidente, que d'obtenir de gré à gré le consentement des propriétaires et sont à la merci de leurs refus. M. Norsa constate cependant que les refus sont rares, soit que les propriétaires aient intérêt à accepter, pour user eux-mêmes du téléphone, soit qu'ils consentent à ce sacrifice par amour du progrès et de la science, soit enfin qu'ils ne prévoient pas immédiatement les inconvénients qui résulteront pour eux de leur consentement.

Le consentement donné, quelle en est la valeur juridique ? Si les parties se sont formellement prononcées sur le caractère de tolérance ou définitif de l'autorisation, il ne saurait y avoir de difficultés. Mais, le plus souvent, le doute s'élèvera, parce que le consentement du propriétaire sera tacite, et consistera, dans un rôle purement passif, à laisser établir les appuis, poteaux sur sa maison, à laisser pénétrer dans son domicile les agents de la Compagnie. Cette absence d'opposition doit-elle être considérée comme une simple tolérance provisoire de nature à cesser avec la volonté et les besoins du propriétaire ? Celui-ci sera-t-il à jamais lié, lui et ses successeurs, même particuliers ? En présence du doute qui naît du silence des parties, on doit, suivant les principes généraux, l'interpréter en faveur de la liberté (art. 1162 C. civ.), c'est-à-dire dans le sens d'une simple tolérance, qui cessera quand le propriétaire le désirera, notamment lorsque les appuis qu'il a supportés le gêneront pour l'exploitation ou l'habitation de sa maison. Cependant, le propriétaire ne saurait, malgré son droit exclusif de propriété, se faire justice à lui-même et faire enlever ces appuis : il n'a que le droit d'en requérir, par toutes les voies de droit, l'enlèvement. M. Norsa cite à l'appui des idées qui précèdent le cas suivant, arrivé à Milan : les fils téléphoniques y sont placés sur les toits ; un propriétaire, croyant user légitimement de son droit, coupe les supports, qui tombent dans la rue, à côté d'un cheval ; ce cheval, effrayé, se blesse. Demande en dommages-intérêts au propriétaire de la maison, qui se retranche derrière son droit de propriété, en déclarant que l'exercice légitime de ce droit, même lorsqu'il nuit à autrui, n'engage jamais la responsabilité du propriétaire. Mais le propriétaire du cheval et la Compagnie téléphonique lui répondirent, avec raison, que nul ne peut se faire justice à soi-même et qu'en agissant par la violence il avait dépassé les bornes légitimes de son droit.

Le simple silence des propriétaires est donc sans garantie pour la conservation du réseau téléphonique et la Compagnie doit, pour éviter toute incertitude, obtenir l'autorisation expresse d'appui. Quelle sera la valeur de cette autorisation ? Elle liera le propriétaire qui la donne et ses successeurs à titre universel. Liera-t-elle également les successeurs à titre particulier ? Peut-elle constituer un droit réel de servitude ?

M. Norsa ne mentionne pas la question, cependant intéressante. Si nous la résolvons au point de vue de notre droit français, nous dirons d'abord que ce droit réel à créer ne peut rentrer que dans la classe des servitudes et que, s'il n'y rentre pas effectivement, il ne fait partie d'aucune autre catégorie de droits réels, que ces droits sont limités et que, par conséquent, la volonté des parties est impuissante à créer un droit de cette espèce en dehors de la liste légale. Or, il s'agit d'établir une servitude par la volonté de l'homme ; nous sommes donc soumis aux principes de l'article 686 C. civ. : « Il est permis aux propriétaires » d'établir sur leurs propriétés ou en faveur de leurs pro- » priétés telles servitudes que bon leur semble, pourvu, » néanmoins, que les services établis ne soient imposés » ni à la personne, *ni en faveur de la personne, mais seule-* » *ment à un fonds et pour un fonds*, et pourvu que ces » services n'aient, d'ailleurs, rien de contraire à l'ordre » public. » Et, en effet, la définition de la servitude correspond bien à ce principe : Article 637 : « Une » servitude est une charge imposée sur un héritage » pour l'usage et l'utilité d'un héritage appartenant » à un autre propriétaire. » L'autorisation d'appui donnée par les propriétaires à la Compagnie téléphonique est bien la concession d'une charge qui pèsera sur le fonds, mais nous ne trouvons rien d'immobilier dans le bénéficiaire. Voilà donc une charge consentie sur un fonds au profit d'une personne : cette charge n'est pas une servitude, et la volonté des parties ne peut lui accorder ce caractère, l'art. 686 C. civ. s'y oppose formellement. Est-ce à dire pour cela que cette charge ne puisse être consentie ? Telle n'est pas la portée de l'art. 686 ; *les conventions légalement formées tiennent lieu de loi à ceux qui les ont faites* (art. 1134) ; donc, la charge en question est valablement consentie, mais elle ne peut être ni une servitude, ni aucun autre droit réel, malgré le désir impuissant ici des parties contractantes (art. 686). Les servitudes d'utilité publique, charges imposées à un fonds en faveur, non d'un autre fonds, mais de l'utilité publique, échappent bien à la condition essentielle de l'art. 686 C. civ.; mais elles ne peuvent être établies que par une loi et non par la volonté des parties.

L'autorisation d'appui accordé à la Compagnie téléphonique n'a donc que la valeur et la force d'une obligation personnelle, absolument étrangère aux acquéreurs particuliers; elle ne peut jouir de la force et des avantages du droit réel. Il est vrai que le propriétaire qui cèdera son immeuble à titre particulier pourra insérer dans l'acte d'aliénation une clause obligeant l'acquéreur à respecter l'appui : il est encore vrai que la Compagnie téléphonique pourra profiter elle-même de cette stipulation faite en sa faveur par l'aliénateur (art. 1121 et 1165); mais tous ces droits ne sont que de simples droits de créance, bien inférieurs au droit réel que les parties ne peuvent créer.

Le consentement des propriétaires n'est pas le seul à obtenir; il faut encore recevoir, de l'autorité municipale, l'autorisation d'établir les fils et supports et autres appareils téléphoniques le long des rues et voies publiques.

Sur ce point, se fait encore énergiquement sentir la nécessité d'une loi qui, bien plus puissante que la volonté des particuliers, ne sera pas liée par les principes de l'article 686 C. c., et pourra, au nom de l'intérêt général, créer, en faveur de l'exploitation téléphonique, une servitude non soumise aux conditions restrictives imposées aux servitudes conventionnelles.

Depuis la lecture de cette étude, le législateur a tranché ces difficultés et vaincu la résistance des propriétaires, tout en tenant compte de leurs droits, par la loi des 28 et 30 juillet 1885, relative à l'établissement, à l'entretien et au fonctionnement des lignes télégraphiques et téléphoniques (1) dont nous allons donner une analyse.

La loi distingue d'abord les lignes télégraphiques ou téléphoniques d'intérêt général ou communal et les lignes de pur intérêt privé, appartenant à des particuliers. Celles-ci restent en dehors de la loi et leur établissement reste subordonné au bon vouloir des propriétaires qui auraient à supporter l'établissement et le passage des fils.

Les lignes télégraphiques ou téléphoniques destinées à l'échange des correspondances et appartenant à l'Etat, soit qu'il en dirige directement l'exploitation, soit qu'il en ait concédé le monopole, jouissent seules du bénéfice de la loi nouvelle (art. 12).

Cette loi a pour objet de faire cesser tous les conflits en attribuant le caractère d'utilité publique à toutes les opérations de l'administration pour l'établissement et l'entretien de ces lignes.

Les droits de l'administration pour les travaux d'établissement ou d'entretien, varient suivant que ces ouvrages sont exécutés sur des propriétés publiques ou sur des propriétés privées.

L'article 2 reconnaît à l'Etat le droit d'exécuter sur le sol et sous le sol des voies publiques dépendant du domaine public national, départemental, vicinal ou communal, tous les travaux nécessaires à la construction ou à l'entretien du réseau télégraphique et téléphonique : la destination de ces voies et des rues comporte naturellement le passage de ces lignes servant à la communication réciproque des habitants. L'Etat peut même utiliser pour ce passage les égouts appartenant aux communes, comme cela se pratique déjà à Paris. Cependant, la loi n'impose aux communes l'obligation de supporter ces

(1) *Offic.* du 30 juillet 1885. D. P., 85, 3, 73.

travaux dans leurs égouts que pour les lignes d'intérêt général. Pour les réseaux d'intérêt communal et pour ceux qui ne sont pas nécessités par l'intérêt général, la loi veut que les Conseils municipaux soient appelés à donner leur avis sans que du reste cet avis lie l'administration, et les droits de la commune peuvent, dans ce cas, se résoudre en une redevance, si le Conseil municipal l'exige ; mais pour éviter des prétentions exagérées qui seraient de nature à entraver l'établissement des communications privées, le taux de cette redevance pour le service rendu par la commune n'est pas laissé à la discrétion de ses représentants et doit être fixé par le Conseil d'Etat dans un règlement d'administration publique.

Quant aux travaux portant atteinte à la propriété privée, la loi distingue encore suivant qu'ils n'entraînent qu'une simple gêne momentanée et qu'ils peuvent s'effectuer de l'extérieur ou qu'au contraire, nécessitant à chaque réquisition le passage à travers une propriété bâtie, ils sont de nature à grever la propriété d'une véritable servitude et à entraîner ainsi une dépossession dans une mesure plus ou moins large.

L'article 3 consacre pour l'Etat le droit d'établir des supports, soit à l'extérieur des murs ou façades donnant sur la voie publique, soit même sur les toits et terrasses des bâtiments, à la condition qu'on y puisse accéder par l'extérieur. Il a également le droit d'établir des conduits ou supports sur le sol ou sous le sol des propriétés non bâties qui ne sont pas fermées de murs ou autre clôture équivalente.

Cet établissement n'entraîne qu'une gêne insuffisante pour y faire obstacle et dont il sera tenu compte au moyen d'une indemnité réglée, à défaut d'arrangement amiable, par le Conseil de préfecture, sauf recours au

Conseil d'Etat, après ou sans expertise préalable faite par un expert désigné par le Conseil, si les parties n'ont pu tomber d'accord sur sa nomination (art. 10). Il ne s'agit là que d'un simple dommage résultant de l'exécution d'un travail public, dont l'appréciation appartient naturellement au Conseil de préfecture, conformément à la loi du 28 pluviôse an VIII (art. 4).

Aucune dépossession définitive et permanente ne peut en résulter et le droit du propriétaire reste entier. Ainsi, il est formellement déclaré par l'art. 4 que la pose d'appuis sur les murs des façades ou sur le toit des bâtiments ne peut faire obstacle au droit du propriétaire de démolir, réparer ou surélever. De même, la pose des conduits dans un terrain ouvert ne fait pas non plus obstacle au droit du propriétaite de se clore. Mais comme il est nécessaire de tenir compte des dispositions nouvelles que le changement va nécessiter dans le cours du réseau télégraphique ou téléphonique, le propriétaire devra, un mois au moins avant d'entreprendre les travaux de démolition, réparation, surélévation ou clôture, prévenir l'administration par lettre chargée adressée au directeur des postes et télégraphes du département.

Ainsi, la loi nouvelle, tout en ayant raison de la résistance des particuliers à des travaux qui ne portent pas une atteinte sérieuse à leur propriété, réserve l'exercice de leur droit qui n'est en rien amoindri et leur reconnaît un droit à indemnité à raison du préjudice résultant de l'exécution de ces travaux (art. 4 et 10). L'action et indemnité est, du reste, soumise à une courte prescription de deux ans à dater du jour où les travaux ont pris fin (art. 12), terme emprunté à la loi du 21 mai 1836 sur les chemins vicinaux (art. 18).

La procédure organisée par la loi des 28 et 30 juillet 1885 tient également compte des droits des intéressés qui seront appelés à formuler leurs observations ou réclamations et seront dûment avertis du commencement des travaux. Les formalités et délais établis par les art. 6 à 9 de la loi sont, avec plus de rapidité et de simplicité, ceux de l'enquête prévue par les art. 5 et 4 de la loi du 3 mai 1841 sur l'expropriation pour cause d'utilité publique.

Avant toute exécution, un tracé de la ligne projetée, indiquant les propriétés privées où il doit être placé des supports ou des conduits, sera déposé pendant trois jours à la mairie de la commune où ces propriétés sont situées (art. 6). Ce délai de trois jours courra à dater de l'avertissement qui sera donné aux parties intéressées, de prendre communication du tracé déposé à la mairie. Cet avertissement sera affiché à la porte de la maison commune et inséré dans l'un des journaux publiés dans l'arrondissement (art. 6).

Le Maire ouvrira un procès-verbal pour recevoir les observations ou réclamations. A l'expiration du délai, il transmettra ce procès-verbal au Préfet, qui arrêtera le tracé définitif et autorisera toutes les opérations que comporteront l'établissement, l'entretien et la surveillance de la ligne (art. 7).

L'arrêté préfectoral déterminera les travaux à effectuer. Il sera notifié individuellement aux intéressés. Les travaux pourront commencer trois jours après cette notification. Ce délai ne s'applique pas aux travaux d'entretien. Si les travaux ne sont pas commencés dans les quinze jours de l'avertissement, celui-ci devra être renouvelé (art. 8). Ces notifications et avertissements peuvent du reste être utilement donnés au locataire, fermier, gardien ou régisseur de la propriété (art. 9). L'arrêté préfectoral autorisant l'établissement et l'entretien des lignes télégraphiques ou téléphoniques sera périmé de plein droit s'il n'est pas suivi d'un commencement d'exécution dans les six mois de la date ou dans les trois mois de sa notification (art. 11).

La loi autorise le Préfet à s'écarter de ces formalités protectrices des droits des intéressés lorsque, pour des raisons d'ordre et de sécurité publique, par exemple au cas où des accidents calamiteux, des troubles locaux entraînent la destruction des communications télégraphiques ou téléphoniques, il y a urgence à établir des lignes provisoires ou à rétablir les lignes détruites : dans ce cas, le Préfet peut prescrire l'exécution immédiate des travaux par un arrêté motivé et relevant les circonstances qui font obstacle à l'observation des règles ordinaires (art. 8, al. 4).

Enfin, un simple arrêté préfectoral peut autoriser l'introduction des agents de l'administration dans les propriétés privées pour l'étude des projets d'établissement de lignes, les particuliers n'ayant, dans ce cas, aucun motif légitime de se prévaloir de l'inviolabilité de leur domicile et d'entraver la préparation d'un travail public (art. 5).

Lorsque l'établissement d'un réseau télégraphique ou téléphonique sera de nature à entraîner une atteinte grave à la propriété privée, une servitude ou dépossession permanente et définitive, la loi exige, pour la protection des droits des propriétaires qui ont suivi les formalités de l'expropriation telles qu'elles sont réglées par les lois du 3 mai 1841 et du 27 juillet 1870 (art. 13, al. 11).

Toutefois, pour économiser le temps et les frais, on suivra, pour la fixation de l'indemnité, les formes plus simples de l'art. 16 de la loi du 21 mai 1836 (art. 13 al. 2) : l'indemnité sera allouée par le *petit jury*, composé de quatre membres, au lieu de l'être par le *grand jury* d'expropriation, composé de douze membres.

La loi nouvelle n'est pas seulement applicable en

France, mais encore en Algérie et dans les trois grandes colonies de la Guadeloupe, de la Martinique et de la Réunion qui ont des fonctionnaires et des corps remplissant les mêmes fonctions que les Conseils de préfecture en France (art. 14).

§ II. — *Contrat d'abonnement.*

M. Norsa ne nous dit rien des conditions de l'abonnement, nous ne saurions lui en faire grief, ces détails étant en dehors de son plan : le contrat d'abonnement est un contrat purement privé qui échappe à toute réglementation légale, à l'exception : 1° de la fixation des tarifs pour laquelle la compagnie concessionnaire du monopole n'est pas libre ; 2° du principe que le contrat d'abonnement doit être le même pour tous les abonnés.

Cependant, nous donnerons quelques détails sur la police d'abonnement en France, ce point présentant un réel intérêt.

Il existe chez nous deux polices distinctes, correspondant aux deux modes d'exploitation en vigueur, la police de la Société générale des téléphones, et celle de l'Etat ; elles représentent des différences importantes.

Et d'abord l'établissement du réseau de l'abonné est régi bien diversement par les deux polices : la Compagnie téléphonique se charge de la pose, à ses frais, des fils et appareils, qui restent, naturellement, sa propriété ; si l'abonné change de domicile, il évite encore les frais de second établissement par un abonnement nouveau, l'ancien continuant du reste, mais pouvant être cédé pour le temps qui lui reste à courir. L'abonné ne supporte donc, dans la police avec la société concessionnaire, aucun frais d'établissement. Bien au contraire, l'Etat met toutes ces dépenses à sa charge ; l'abonné doit se procurer, par achat ou location, les appareils nécessaires, et s'il les achète ou les loue à d'autres fournisseurs que le service des télégraphes de l'Etat, il doit payer à celui-ci 5 0/0 de la valeur du matériel sur facture pour frais du contrôle, les appareils étant toujours soumis à l'approbation et au contrôle des agents des télégraphes. Cette première dépense faite, l'abonné doit encore supporter les frais d'installation des appareils et de pose de fils ; 75 francs à forfait pour les appareils, et pour les fils une somme variant suivant la longueur du parcours et la nature du réseau ; pour un réseau aérien, 250 francs par kilomètre si la ligne est spéciale à l'abonné ; 125 francs si la ligne supporte d'autres conducteurs ; pour un réseau souterrain, en tranchée ou sous galerie, le prix de pose s'élève à 500 francs par kilo mètre, pour une ligne commune à plusieurs abonnés ; à 900 francs pour une ligne spéciale à un seul. Enfin, si des difficultés spéciales et exceptionnelles se présentent pour l'installation de la ligne, l'abonné ne paie plus seulement une somme fixée à forfait, il doit à l'Etat le remboursement intégral de ses dépenses, plus 5 0/0 à titre de frais généraux. Enfin, l'abonné a encore à supporter une dépense qui peut être, suivant les cas, assez lourde, les indemnités et loyers que réclament les tiers pour prix de leur consentement à l'appui des fils, et à titre de dédommagement du préjudice qu'ils éprouvent. L'abonné est donc obligé de débourser, au profit de l'Etat, un capital définitivement aliéné, au moins pour les frais d'installation et pour la ligne extérieure, qui reste la propriété de l'Etat ; il ne pourra jamais rien recouvrer de ce capital, et cette première dépense sera une lourde charge si son abonnement est de courte durée.

L'Etat donne, du reste, des facilités de paiement aux abonnés qui sont liés pour au moins 4 ans ; tandis que ceux qui sont abonnés pour une durée moindre, doivent verser d'avance, au Trésor, la somme totale évaluée par le service télégraphique, sauf liquidation définitive après la construction de la ligne ; les premiers n'ont à payer de cette façon qu'un quart, les trois autres quarts étant exigibles en trois annuités.

Le prix d'abonnement de la police de l'Etat est aussi, à raison des charges d'établissement imposées à l'abonné, inférieur à celui exigé par la Compagnie générale des Téléphones, qui se charge de tous les frais d'installation.

Le prix de l'Etat est de 200 francs par an pour chaque poste situé dans l'enceinte de l'octroi et dans le rayon de la distribution gratuite des télégrammes de la ville ; il est même réduit à 170 francs, si le nombre des abonnés dépasse 300 ; en dehors de ce périmètre, on ajoute à la somme de 200 francs 25 francs par kilomètre de fils, calculés par 200 mètres indivisibles à partir de la limite du périmètre. La compagnie générale des Téléphones exige, au contraire, pour un fil et un appareil, 600 francs par an, à Paris, et 400 francs en province, pour deux fils et deux appareils 1,100 francs à Paris et 750 francs en province; enfin, pour trois appareils et fils et au-dessus, 500 francs par fil et appareil à Paris, 350 francs en province ; à ce prix d'abonnement, il faut ajouter les taxes établies par la ville de Paris, les frais de timbre et de police que l'abonné de la compagnie doit supporter. Celui-ci paie donc chaque année plus cher que l'abonné de l'Etat ; mais l'abonné de l'Etat doit ajouter à chaque annuité l'amortissement du capital qu'il a aliéné pour frais d'établissement.

Le prix d'abonnement est doublé pour les cercles et établissements publics, cafés, restaurants, hôtels, etc., dont les membres et les clients peuvent user de la communication téléphonique (1).

(1) Décret du 28 juillet 1885.

Les deux polices sont d'accord pour mettre les frais d'entretien à la charge de la Compagnie ou de l'Etat qui exploite le téléphone et les comprendre dans les prix d'abonnement ; mais l'abonné répond naturellement des dommages provenant de son fait ou de celui des personnes dont il est responsable. Il est également obligé de laisser pénétrer chez lui les agents de l'Etat ou de la Compagnie pour visiter les appareils.

Enfin, les deux polices fixent à un an la durée minima de l'abonnement et en admettent le renouvellement par tacite reconduction, faute de dénonciation de congé; pour la Compagnie trois mois avant l'expiration, pour l'Etat avant le 1er novembre, tous les abonnements commençant à son égard le 1er janvier et finissant le 31 décembre.

L'Etat et la Compagnie s'engagent par la police à remettre à chaque abonné une liste de tous ceux avec lesquels il peut communiquer et des listes supplémentaires donnant avis des changements. L'un et l'autre déclarent ne pas répondre des interruptions momentanées du service, qu'elle qu'en soit la cause et mettre aux risques de l'abonné toutes modifications apportées par décrets, arrêtés, règlements émanés, dans l'avenir, de l'autorité compétente.

Enfin, une clause résolutoire est inscrite dans les deux polices au profit de la Compagnie et de l'Etat. L'une et l'autre ont le choix, faute par l'abonné d'accomplir ses obligations, notamment pour défaut d'un seul paiement, de suspendre les communications de l'abonné ou de résilier entièrement le contrat, sans formalités judiciaires, vingt-quatre heures après une mise en demeure restée infructueuse.

Malgré ces points communs, le service de l'Etat et celui de la Compagnie sont séparés par une différence profonde, celle qui existe entre un service public et un service privé. D'une part, l'Etat stipule son irresponsabilité à raison de la correspondance privée ; il n'a pas à répondre des faits de ses employés : ce principe, déjà admis par la loi du 29 novembre 1850 pour le service télégraphique, est étendu par la police au service téléphonique ; au contraire, la Compagnie générale ne saurait se soustraire au principe de la responsabilité de ses articles 1382, 1383, 1384 C. civ. auquel les particuliers ne peuvent échapper, même par des clauses expresses. D'autre part, en cas de difficultés et de procès avec l'Etat, la compétence est administrative, c'est devant le Conseil d'Etat qu'on devra plaider : il s'agit d'un service public (1) ; au contraire, entre la Compagnie concessionnaire et les abonnés, le procès est purement privé et se déroulera devant les tribunaux ordinaires de l'ordre judiciaire.

L'Etat a, dans sa police, règlementé les conversations téléphoniques dans les bureaux publics (2) où toute personne a accès. Le prix est fixé à 50 centimes par fraction de 5 minutes pour chaque bureau à Paris et à 25 centimes dans les autres localités de France, d'Algérie ou de Tunisie (3).

Les abonnés aux réseaux téléphoniques peuvent user des cabines moyennant le paiement d'une taxe annuelle fixée à 40 francs pour Paris et à 30 francs dans les départements (4).

(1) Cette compétence administrative est réservée dans la police de l'Etat.

(2) Le fonctionnement des bureaux téléphoniques publics remonte au commencement de l'année 1883 : il a commencé, dès le mois de mars, à Reims et a été étendu à Roubaix, Tourcoing, Lille, où les bureaux sont installés aux bourses de ces villes. La Société générale des téléphones a été, en décembre 1884, autorisée à en établir 50 dans Paris.

(3) Décret des 31 décembre 1883, 9 janvier 1885.

(4) Décret du 28 juillet 1885.

Telles sont les conditions différentes faites aux abonnés par l'Etat et par la Compagnie concessionnaire. Elles montrent les conséquences pratiques également différentes des deux exploitations en régie ou par concession. Les charges imposées par l'Etat sont lourdes, et sa haute situation rend la position de l'abonné encore plus défavorable ; cela est indispensable pour la bonne gestion des finances publiques et l'équilibre du budget. L'Etat est obligé de faire aux abonnés des avances plus ou moins considérables ; il court le risque de l'insolvabilité s'il ne pousse pas la rigueur jusqu'à exiger le paiement intégral des sommes dues par l'abonné avant de commencer tous travaux d'installation.

L'Etat n'est qu'un simple créancier chirographaire pour le recouvrement de ces créances ; aucun privilège ne peut lui appartenir tant qu'une loi ne le lui aura pas concédé. Il doit, pour le recouvrement, suivre les formalités imposées aux créanciers ordinaires ; il ne peut user du moyen rapide de la contrainte qui lui est accordé pour la plupart de ces créances, l'application de ce moyen exeptionnel ne pouvant avoir lieu qu'en vertu d'une loi qui fait ici défaut.

Son incapacité commerciale est reconnue et les bénéfices qu'il peut réaliser ne sont pas assez sûrs ni considérables pour lui permettre de se lancer dans la spéculation et de garder à sa charge tous les frais d'installation et d'établissement des réseaux téléphoniques.

CHAPITRE III

Fonctionnement du téléphone.

Le réseau téléphonique et les appareils une fois établis, les communications se font au gré des abonnés, pendant les heures d'ouverture des bureaux, c'est-à-dire, pour les bureaux de l'Etat, pendant les heures d'ouverture de jour du bureau télégraphique, de 7 ou 8 heures du matin à 7 ou 9 heures du soir, suivant les saisons ; pendant la nuit, lorsque le bureau téléphonique reste ouvert après 9 heures, les communications téléphoniques peuvent être soumises à certaines conditions et notamment à une surtaxe. La Compagnie générale des téléphones ne soumet à aucune condition ni surtaxe les communications de nuit toujours possibles. Le personnel des employés par elle nommés pour établir les communications des abonnés se compose de femmes le jour et d'hommes la nuit.

L'abonné est libre d'user, quand bon lui semble, du téléphone, pourvu que l'usage soit régulier, et d'autre part les employés doivent le mettre en communication avec la personne désignée, sans commettre aucune infraction à leurs devoirs professionnels.

Il y a abus de la part de l'abonné lorsqu'il dégrade l'appareil et il est responsable de cette dégradation. Il y a également abus de sa part, lorsque, sans déranger matériellement l'appareil, il s'en sert soit pour causer un préjudice à autrui, par exemple en communiquant une fausse nouvelle, en causant une émotion à des tiers, soit pour commettre un délit ou un acte immoral, par exemple en diffamant, injuriant, tenant des propos grossiers et immoraux, organisant un complot, excitant des mouvements révolutionnaires, facilitant la fuite, le recel d'un criminel ou de choses volées. Dans ces divers cas d'abus, en quelque sorte purement intellectuels et intimes, peut-on surprendre la conversation délictueuse ou immorale ? Si oui, l'abus du téléphone peut-il être réprimé, et par quel moyen ?

M. Norsa a, à plusieurs reprises, examiné ces questions réellement délicates dont la solution est surtout difficile à mettre en pratique. Et d'abord, pour constater l'abus du téléphone (ce qui est le point de départ des questions suivantes), la difficulté est grande ; tandis, en effet, que, pour le télégraphe, la communication passe matériellement entre les mains des employés qui peuvent la connaître et l'arrêter au passage (1), la communication téléphonique, au contraire, se fait directement entre les deux abonnés au moyen des deux appareils transmetteur et récepteur qu'eux seuls tiennent entre leurs mains. Cependant les employés peuvent se mettre en communication avec ceux-ci et saisir leur conversation au passage en unissant leurs appareils à leurs fils. S'il y a délit, les auteurs seront punissables ; mais pourra-t-on leur retirer le droit de communication téléphonique? Pourra-t-on le retirer à ceux qui, sans commettre de délit, en abusent de l'une des manières indiquées plus haut? Le cas n'est pas réglé chez nous, et M. Norsa croit qu'il n'y a pas lieu de retirer ni même de suspendre la communication, mais bien d'insérer dans la loi, dont la nécessité s'accentue d'avantage à mesure que nous avançons, une peine contre cet abus, ou tout au moins d'en faire une circonstance aggravante du délit.

En Amérique (2), au contraire, il a été jugé que la Compagnie pouvait retirer la communication pour de simples expressions grossières et immorales, par la raison qu'elles peuvent être entendues des employés, ordinairement des jeunes filles. Il nous paraît que la libre et secrète communication est un droit pour les abonnés et qu'ils

(1) Le droit d'arrêt des dépêches dangereuses pour l'ordre public est, comme le fait remarquer M. Norsa, consacré par des lois intérieures de tous les États et par la convention internationale télégraphique.

(2) *Nature*, 4 août 1883, p. 158, n° 531. Chronique : *le Téléphone et la Morale*.

peuvent causer à distance comme ils le feraient en tête-à-tête avec la même sécurité ; leur conversation est et doit être secrète et, par conséquent, ils sont libres de la diriger comme bon leur semble ; si elle est surprise, c'est un pur effet du hasard ou le résultat d'une indiscrétion, ils n'en sont point responsables ; ils sont comme deux personnes, qui auraient une conversation délictueuse ou immorale, volontairement ou involontairement surprises à travers une porte par une tierce personne. On peut donc les punir, s'il y a lieu, à raison de la conversation, mais non leur retirer le moyen dont elles avaient le droit de se servir librement. M. Norsa propose d'aggraver la peine méritée et même de punir la simple sollicitation à un délit, impunie par elle-même à raison du moyen de communication et de la difficulté qu'il y a de surprendre l'abus ; il espère, par cette sévérité, empêcher cet abus, prévenir ce qu'il serait presque impossible de réprimer. M. Norsa nous paraît aller trop loin, et pour un motif insuffisant méconnaître les principes de droit pénal. Le moyen de communication est si facile, et il est au contraire si difficile de constater ces abus qu'ils se multiplieront et deviendront dangereux, dit-il. Mais le même danger, la même difficulté ne se présentent-t-ils pas pour les correspondances par la poste, bien différentes des dépêches télégraphiques nécessairement connues des employés ? Les lettres ne sont-elles pas garanties par le sceau du secret, tellement que la violation en est sévèrement punie ? N'est-il donc pas bien plus facile et plus sûr même que par téléphone d'avoir par ces moyens des conversations délictueuses ou immorales ? Et cependant, une indiscrétion n'est-elle pas possible, soit volontaire, soit involontaire ? La situation est donc en tout semblable à celle du téléphone : droit au secret et, par conséquent, liberté de la communication, indiscrétion tombant à la charge de celui qui la commet. Pourquoi donc créer, pour le téléphone, ce qui n'existe pas pour la correspondance postale, une aggravation de peine et surtout une dérogation telle aux principes du droit pénal que l'on punirait la simple sollicitation, le simple conseil de commettre un délit, le simple avertissement donné à un criminel de se cacher ?

Nous ne voyons pour nous aucun motif de sévir ici à raison du moyen de communication employé ; ce moyen est un droit acquis pour celui qui s'en sert et qui le paie relativement cher ; ce moyen comporte une liberté entière de conversation, parce que ceux qui l'emploient ont droit au secret et que personne ne doit compte à l'aurité d'une conversation intime, même surprise par une indiscrétion.

Ce droit au secret nous amène tout naturellement aux abus que peuvent commettre les employés, dont le plus grave, et celui qui nous intéresse seul, est la violation de ce secret. Cette violation est punie dans tous les pays pour la correspondance télégraphique (1). Faut-il l'étendre à la correspondance téléphonique ? Il est certain que la sécurité de cette communication exige le secret et une menace contre celui qui la viole. Faut-il étendre purement et simplement au téléphone la peine édictée pour le télégraphe ? M. Norsa estime que non et qu'il y a lieu d'être moins sévère, à raison de l'importance moindre des communications téléphoniques.

Au contraire, le projet de loi belge du 31 janvier 1883, art. 2, étend purement et simplement au téléphone les

(1) Angleterre. — Acte du Parlement 1878.
Allemagne — C. p. 31 mai 1870.
Belgique. — Loi 23 mai. 1876, art. 7.
Italie. — C. p., art. 667.
France. — Art. 4, loi 9 février 1850, cbn. art. 187, C. p.

pénalités établies pour le télégraphe. Quoi qu'il en soit de cette question qui est de pure appréciation pour le législateur, une loi est nécessaire pour protéger, par des pénalités, le secret de la correspondance téléphonique et, jusqu'à ce qu'elle soit intervenue, l'impunité est assurée.

Il en est de même des pénalités nécessaires contre ceux qui mettent obstacle au fonctionnement de la communication ; l'on ne peut étendre au téléphone, tant qu'une loi ne l'a pas ordonné, les sanctions contenues dans la législation sur le télégraphe. Remarquons qu'un arrêté, même un décret, serait insuffisant pour étendre au téléphone les pénalités édictées pour le télégraphe et qu'une loi est indispensable en vertu du principe de l'art. 4, C. pénal.

Nous avons déclaré l'abonné maître de sa communication au point de vue du secret. L'est-t-il au point de pouvoir faire profiter des étrangers de son droit et, si oui, peut-il le faire aussi bien moyennant redevance que gratuitement ? C'est là une question importante et délicate que traite M. Norsa. D'une part, en effet, l'abonné paie l'usage du téléphone, il est le maître de cet usage et il semble que le restreindre est y porter une atteinte injuste. Mais, d'autre part, si l'abonné pouvait concéder à autrui l'usage de ses appareils sans aucune restriction, il pourrait faire payer cet usage et faire ainsi une concurence désastreuse à la Compagnie ou à l'Etat qui exploite le réseau et dont il tient ses propres droits. Cette dernière considération a décidé l'autorité française et italienne à prohiber, d'une façon absolue et sans distinction, la concession, même gratuite, faite de l'usage du téléphone par un abonné à un tiers (décret italien du 1er avril 1883 ; police d'abonnement de l'Etat français, art. 14 ; arrêté du Ministre des postes et des télégraphes du 26 juin 1879, art. 5, cahier des charges du 18 juillet 1884, art. 2. La police d'abonnement de l'Etat français va même plus loin : dans son art. 28, elle déclare applicable au téléphone la disposition de l'art. 1er du décret-loi du 27 décembre 1841 qui punit d'un emprisonnement d'un mois à un an, d'une amende de 1,000 fr. à 10,000 fr. quiconque, sans autorisation et sans droit, communiquera avec les appareils qui pourront être détruits. Cette pénalité atteindrait donc les tiers qui useraient ainsi de la ligne d'un abonné, mais l'extension de cette sanction au téléphone est dénuée de toute valeur et de tout effet, un simple arrêté ministériel, un décret même étant insuffisant pour étendre l'application d'une loi pénale.

Cette interdiction absolue pour les abonnés de céder à des tiers, même gratuitement, l'usage de leur ligne téléphonique, paraît à M. Norsa exagérée et peu équitable ; il préfère, aux règlements français et italiens, ceux de la Belgique, le décret du 1er août 1881, art. 2, et le projet de loi du 31 janvier 1883, qui se bornent à défendre la spéculation, la cession de l'usage à titre onéreux, moyennant taxe ou rétribution. M. Norsa voit là une sage conciliation des droits de l'abonné et des droits de celui qui exploite le réseau téléphonique. C'est aussi ce moyen terme qui nous paraît le plus conforme à l'équité et aux nécessités de la pratique. Interdire la cession d'usage gratuite, c'est mettre l'abonné en contravention toutes les fois qu'il permettra à des amis, aux personnes qui viennent le voir, d'user de ses appareils, pour satisfaire leur curiosité ou pour tout autre motif très légitime et complètement étranger à l'idée de concurrence à faire au concessionnaire. L'usage gratuit n'est nullement redoutable pour l'exploitant, il ne sera jamais fait à titre de spéculation et rentre dans le droit bien compris de l'abonné. Au contraire, la concession d'usage moyennant rétribution est une véritable concurrence faite au concessionnaire, une véritable exploitation indirecte, mais complète du réseau, puisque l'abonné peut communiquer avec tous ; si les abonnés pouvaient faire payer l'usage de leurs appareils, le domicile de chacun d'eux se transformerait en une sorte de bureau public. Le monopole de l'exploitation téléphonique serait détruit au profit des abonnés, il y aurait autant d'exploitations partielles qu'il y a d'abonnés, ce qui est impossible, le monopole concédé par l'Etat ou exercé par lui en régie étant exclusif de toute autre entreprise particulière.

Le fonctionnement, la mise en action des appareils téléphoniques soulève une question importante de droit civil, déjà posée et résolue dans des sens divers pour les communications postales et télégraphiques ; comment et à quel moment se forme le contrat, la convention conclue à distance par ces divers moyens ? Les auteurs sont divisés : tandis que les uns estiment que la convention se forme dès qu'il y a concours de volontés, c'est-à-dire dès l'acceptation donnée et expédiée quoi qu'elle ne soit pas encore arrivée au pollicitant, les autres attendent pour que la convention soit parfaite, que celui qui a fait l'offre ait reçu la réponse portant acceptation. Ces deux théories différentes, dans les détails desquelles nous n'entrerons pas, entraînent des conséquences pratiques différentes : tant que la convention n'est pas formée, celui qui a fait l'offre peut la retirer, les risques de la chose ne sont pas encore à la charge du créancier (art. 1138) ; le moment précis où la révocation de l'offre n'est plus possible, où les risques passent au créancier, variera suivant l'opinion admise. De plus, le lieu de la formation du contrat variera et sera, dans une théorie, le lieu de l'acceptation, dans l'autre le lieu où en est reçue la nouvelle ; or, ce lieu a une double influence : sur la compétence (art. 420 Pr.c.), sur la loi qui doit régir le contrat, lorsque les contractants étaient dans des états différents, sur les usages des places, lorsque les parties sont dans le même état, mais dans des places de commerce différentes.

Ce qui caractérise ces correspondances postales et télégraphiques entre absents, c'est 1° l'éloignement matériel des parties contractantes, qui ne sont pas en présence l'une de l'autre et ne peuvent échanger de vive voix leurs idées, discuter leurs prétentions dans une conversation non interrompue ; 2° le laps de temps qui s'écoule entre l'offre et la réponse, entre la réponse et la connaissance acquise par la partie à laquelle elle s'adresse, l'interruption matérielle de l'échange d'idées pendant le temps nécessaire pour que les correspondances arrivent de l'une à l'autre des parties.

La correspondance téléphonique offre presque tous les caractères de la conversation entre personnes présentes, il n'y manque que la présence effective des parties qui, invisibles l'une à l'autre, sont séparées par une distance plus ou moins grande. Mais si l'on fait abstraction de cette distance, les parties qui parlent par téléphone peuvent être assez exactement comparées à deux personnes qui, à travers une porte, un écran suffisant pour les cacher l'une à l'autre, échangeraient une conversation, discuteraient et concluraient une affaire. Par téléphone, les parties débattent sans interruption l'affaire à conclure ; à l'offre succèdent instantanément les objections, les conditions d'acceptation, les parties causent et dialoguent par une voix assez puissante pour supprimer toute distance, comme si elles étaient face à face, enfin le débat terminé, l'affaire est conclue par une acceptation qui, aussitôt prononcée, arrive à l'oreille de celui qui proposait l'affaire. En sorte que l'on ne peut plus distinguer, comme pour les correspondances postales et télégraphiques, les deux moments séparés de l'acceptation et de la connaissance de cette accceptation par l'autre partie.

Ici, comme dans une conversation échangée entre deux personnes présentes, l'acceptation est aussitôt connue, les deux moments se confondent et n'en font pour ainsi dire qu'un. Donc, comme pour les conventions orales entre parties présentes, dès l'acceptation, le contrat est parfait, l'offre ne peut plus être révoquée et les risques passent à la charge du créancier et il n'y a plus de place pour l'opinion qui, à l'occasion des contrats entre absents, ne déclare ce contrat formé qu'au moment où l'acceptation est connue de celui qui a fait l'offre. Le contrat par téléphone est, à ce point de vue, traité comme une affaire entre présents.

Faut-il généraliser ce caractère ou, au contraire, le fait que les parties sont réellement dans deux lieux éloignés aura-t-il une influence ? L'un des deux caractères des correspondances entre absents manque dans la correspondance téléphonique : le laps de temps appréciable qui sépare l'offre, la réponse, les objections et leur réfutation, les difficultés soulevées et leurs explications, l'acceptation et la connaissance acquise par celui auquel elle s'adresse, tout est ici ininterrompu et se succède régulièrement sans intervalles de repos, comme si les parties étaient en présence. Mais l'autre caractère de la correspondance entre absents, l'éloignement matériel des contractants, leur situation effective dans deux lieux différents, ne sauraient être niés dans la communication téléphonique ; le caractère existe et il est certain que les parties ont traité de deux lieux distincts. On a donc, pour la formation du contrat, à choisir entre ces deux lieux, et le choix est intéressant au point de vue de la compétence de la loi et des usages que les parties sont censées avoir accepté.

La question a préoccupé et divisé les jurisconsultes italiens, nous rapporte M. Norsa : l'un, le professeur

Gabba, dans le *Moniteur des Tribunaux de Milan* (1882, nº 41), considère le contrat par téléphone comme un contrat entre présents; l'autre, le professeur Vidari, dans le même journal (nº 43 de la même année), voit, au contraire, en lui, un contrat entre absents; un troisième, M. Bonaffio, avocat (*Archivo Giuridico*, vol. XXIX, fasc. 6, p. 505 et s.), se dégageant de toute théorie abstraite et absolue, analyse, d'une manière concrète, les caractères du contrat par téléphone et y voit un contrat passé entre deux personnes situées dans des lieux différents, mais fait presque instantanément; il conclut de là : d'une part, que, à la différence des contrats entre absents, par la poste ou par télégraphe, l'offre transmise ne peut être révoquée, à cause de la simultanéité des déclarations respectives; mais, que d'autre part, les personnes étant dans des lieux différents, la formation du contrat doit être régie par les règles ordinaires pour la désignation du lieu où il est censé passé; or, le contrat n'étant parfait que lorsque l'acceptation est parvenue à celui qui a fait l'offre, c'est dans le lieu où se trouve ce dernier que la convention prend naissance, c'est ce lieu qui fixera la compétence, la loi, l'usage admis par les parties.

M. Norsa adopte une autre théorie que nous qualifierons de négative; il signale une fois de plus un point auquel sa nouveauté ne permet pas d'appliquer les lois actuelles et sur lequel l'attention du législateur doit se porter : il montre très clairement que le contrat par téléphone n'est ni un contrat entre présents, ni un contrat entre absents, ou plutôt qu'il réunit les caractères de l'un et de l'autre, de sorte qu'on ne saurait lui appliquer en entier les règles de l'un ni de l'autre. Il en conclut que ce contrat, d'une nature toute nouvelle, n'est pas réglé par la loi, et qu'il rentre dans le pouvoir d'appréciation des juges; ce n'est point un acte juridique tant que le législateur ne l'a pas réglé, c'est un acte de pur fait livré à l'équité naturelle des magistrats. La solution de M. Norsa nous paraît indigne d'un jurisconsulte comme lui, nous ne saurions l'accepter et dissimuler le danger qu'elle paraît présenter.

Laisser à l'arbitraire du juge une solution juridique que l'on transforme en question de fait, c'est s'exposer à des solutions diverses sans contrôle ni règlementation possible, c'est autoriser des hésitations qui ne peuvent manquer d'énerver l'autorité de la justice et retombent de tout leur poids sur le respect dû au droit ; la loi actuelle des contrats offre des principes basés sur la raison et la nature des choses, et l'on ne saurait les oublier pour en soumettre l'application à toutes les fluctuations des opinions variables des hommes. Or, ces principes nous disent d'une manière indiscutable que la convention, étant l'accord des parties, est parfaite dès que l'accord est réalisé, que, par conséquent, la convention formée entre deux personnes est entière dès que le consentement de la personne à laquelle une proposition est faite est définitivement donné ; tant que l'acceptation n'est pas intervenue, rien n'est fait, il n'y a qu'une simple pollicitation révocable sans effet juridique ; l'acceptation seule, en produisant l'accord des parties, forme le contrat. Si donc le contrat ne prend naissance qu'au moment précis et en vertu de l'acceptation, le lieu de cette acceptation est le lieu de naissance du contrat ; l'offre, en effet, a quitté le lieu de son auteur pour venir au-devant de l'acceptation, pour la solliciter, et c'est au moment où l'offre est arrivée à son lieu de destination qu'elle est reçue et acceptée, c'est alors qu'elle devient contrat. Il est vrai que lorsque l'offre se déplace ainsi pour se transporter, par la poste ou par télégraphe, dans un lieu éloigné, des auteurs d'une grande autorité enseignent, non sans quelque raison, que le contrat se forme seulement à l'instant où l'acception est parvenue à celui qui l'avait sollicitée, parce que jusque-là son consentement n'a pas été définitif, mais purement révocable, parce qu'il n'a eu la volonté de maintenir son offre que s'il la savait acceptée et que, sans volonté et consentement, il n'y a pas de contrat; on ajoute qu'en pratique celui qui a fait une offre, celui qui a fait une acceptation peuvent, même après en avoir donné avis, la contremander par un moyen plus rapide et empêcher ainsi la formation pratique du contrat. Nous n'insisterons pas sur ces considérations et nous n'apprécierons pas leur valeur, parce qu'elles ne s'appliquent pas à la communication téléphonique; la nouvelle de l'acceptation est reçue au moment même où cette acceptation a eu lieu; le oui prononcé et qui a formé le contrat a été immédiatement perçu par celui auquel il s'adressait. C'est donc l'acceptation qui, conformément aux principes, forme le contrat, et c'est au lieu même où elle est donnée que ce contrat prend naissance, c'est ce lieu qui règlera la compétence, les lois et usages auxquels obéira le contrat. Rien de plus conforme, du reste, à l'intention raisonnablement présumable des contractants; celui qui fait des offres est censé connaître mieux que tout autre les détails de l'affaire qu'il propose; il doit donc s'expliquer clairement sur ces détails (Arg^{t} art. 1162 et 1602), et s'il ne le fait pas, il est juste que l'acceptant soit traité d'après les règles sous-entendues qu'il connait et a l'habitude de pratiquer; que si le pollicitant désirait une autre règlementation inconnue de celui qu'il sollicite, il était de son devoir de la lui faire connaître. Les principes vrais posés par M. Bonaffio nous paraissent conduire à une conséquence différente de celle qu'il adopte, mais nous croyons que, même en l'état du silence de la loi sur ce point nouveau, les juges n'ont aucun pouvoir d'appréciation et doivent résoudre la question par les principes juridiques résultant de la nature des choses, par les mêmes principes qu'ils appliquent à la formation des contrats par correspondance; nous serons cependant d'accord avec M. Norsa pour désirer que ce point soit résolu formellement par la loi à intervenir, dont la nécessité n'est plus contestable ni douteuse; l'on évitera ainsi les controverses que le silence du Code civil a laissé s'élever sur la formation des contrats postaux ou télégraphiques.

Il ne suffit pas de savoir comment et à quel moment se forme le contrat téléphonique, pour en avoir fini avec les difficultés pratiques et juridiques que soulève cette formation; les parties sont éloignées et ne peuvent se voir; elles n'ont d'autre moyen de se reconnaître que le timbre de leur voix quelque peu altéré par la communication téléphonique : moyen incertain de nature à causer des erreurs nombreuses par la substitution d'une personne à une autre. Cette substitution est d'autant plus facile qu'il est plus aisé de contrefaire le timbre de voix déjà modifié par la transmission électrique. Or, le danger de cette substitution est grand : d'une part, en effet, si l'erreur sur l'identité, si la substitution est prouvée, le contrat ne se formera pas, mais des responsabilités seront engagées et nous avons à déterminer quelles elles sont; d'autre part, si la substitution ne peut être démontrée, à raison des difficultés de sa preuve, le contrat sera valablement conclu et définitif, faute de démonstration du contraire, et une personne se trouvera ainsi engagée sans son consentement et à son insu. La question d'identité dans le contrat téléphonique est donc non seulement importante, comme dans tous les contrats, elle est aussi plus délicate que dans les communications postales et télégraphiques. Cette question d'identité n'est pas la seule; la preuve du contrat téléphonique peut soulever aussi en pratique des difficultés qui, jointes aux précédentes, ne seront pas sans mettre obstacle au développement des contrats sérieux et importants conclus par le téléphone.

Pour la question d'identité, il est un point certain, c'est que la communication téléphonique est exclusivement propre à chaque abonné et que lui seul a le droit de se servir des appareils. Lors donc qu'un tiers en use sous le nom de l'abonné, celui-ci est présumé être l'auteur de la communication, jusqu'à preuve contraire de sa part; cette preuve une fois faite, il n'est, du reste, pas justifié, et l'imprudence qu'il a commise en ne défendant pas suffisamment l'accès de l'appareil téléphonique engage sa responsabilité envers la victime de la fraude; c'est l'avis de M. Norsa et il nous paraît exact. Il est bien évident, du reste, que l'auteur de la fraude est lui-même tenu de réparer le préjudice par lui causé. Cette responsabilité n'est-elle pas encore plus étendue et le faux commis dans la communication n'est-il pas punissable? Aucun texte du Code pénal ne peut s'appliquer directement à cette fraude: le faux en écriture est seul puni et l'on ne pourrait étendre les principes du faux aux communications téléphoniques comme on l'a fait aux communications télégraphiques, à cause de l'absence d'écrit pour les premières (1); les peines de l'escroquerie pourraient seules être encourues, si les éléments de ce délit se trouvaient en fait réunis.

La preuve du contrat téléphonique sera régie par les règles ordinaires, c'est-à-dire que la preuve testimoniale ne sera admise que jusqu'à 150 fr. en matière civile,

(1) La Cour de cassation a décidé, par arrêt du 6 juillet 1867 (P. 68 188), que la fabrication de fausses dépêches télégraphiques, revêtues de fausses signatures d'employés spécialement autorisés par la loi à certifier la transmission et l'arrivée de pareilles dépêches, constitue un faux en l'écriture publique et non pas seulement un faux en écriture privée.

mais sera de droit commun en matière commerciale ; du reste, l'audition par des témoins de la conversation par téléphone sera assez difficile à organiser tant que les instruments de réception ne seront pas assez puissants ou multiples pour transmettre la communication à plusieurs personnes à la fois. Mais peut-être le développement futur et l'application pratique d'un instrument fort ingénieux et récemment découvert, le phonographe, pourront-ils profiter à la pratique juridique et rendront-ils l'intervention du législateur de nouveau nécessaire. Si l'on parvient à recueillir et à conserver les communications orales et téléphoniques, et si l'on peut reproduire ainsi à volonté et à toute époque les paroles jusque-là fugitives, n'aura-t-on pas réalisé un moyen de preuve précieux, supérieur par son exactitude et sa précision mécanique à tous les témoignages incertains et variables, autrement fidèle que la mémoire la plus sûre ? Si l'on peut mettre ainsi le phonographe au service du téléphone, la puissance de celui-ci et son application pratique s'en trouveront singulièrement accrues et l'on pourra dire alors sans exagération que les distances et le temps sont vaincus par l'industrie humaine. Mais pourra-t-on arriver à une certitude suffisante pour généraliser ce mode de preuve ? La reconnaissance ou la vérification du timbre de voix, nécessairement altéré par les instruments de transmission et de reproduction, offriront plus de difficultés et d'incertitudes que la reconnaissance et la vérification de l'écriture, et la fraude sera toujours à redouter. Il appartiendra au législateur de l'avenir d'apprécier et de déterminer, lorsqu'ils seront suffisamment répandus, la force probante de ces divers instruments, dont la vulgarisation peut rendre tant de services, non seulement dans les rapports privés, mais encore pour l'administration de la justice, tant civile que répressive. Ce point de vue n'a pas attiré l'attention de

M. Norsa, peut-être parce que l'usage des communications téléphoniques n'est point répandu et est difficile à répandre dans les recherches et communications judiciaires à raison de leur caractère fugitif, peut-être aussi parce que les principes auront à éprouver peu de modifications de la vulgarisation de cet usage : le réseau téléphonique pourra transmettre rapidement les ordres et les relations des divers agents qui concourent à l'administration de la justice ; mais les interrogatoires, les auditions des témoins, en les supposant conservés avec certitude par le phonographe, ne sauraient s'opérer par l'intermédiaire du téléphone ; la vue du magistrat qui dirige l'interrogatoire ou préside à l'audition des témoins est et demeurera toujours indispensable, la solennité de l'enquête judiciaire et celle plus émouvante encore de l'audience sont des garanties nécessaires de la sincérité des interrogatoires et témoignages : cette solennité, l'influence que peut exercer le magistrat par son attitude et sa présence, constituent des éléments indispensables de la découverte de la vérité et borneront, pour l'administration de la justice, l'application du téléphone à la transmission de simples renseignements rapides et sans importance et aux conversations privées.

La sphère d'action du téléphone comprendra donc surtout les rapports des particuliers entre eux; mais nous avons vu combien de questions intéressantes soulève l'application de ce nouvel instrument; voilà, certes, un sujet d'études et de réflexion digne du législateur et qui doit attirer son attention. La nécessité d'une règlementation législative uniforme se fait vivement sentir et on ne saurait y suppléer en se bornant à étendre au téléphone la législation du télégraphe, le fonctionnement de ces deux modes de communication et l'organisation de ces deux services étant totalement différents. Nous devons, en l'admettant au nombre de nos membres correspondants, remercier M. Norsa d'avoir fait le premier apparaître l'intérêt de ce sujet nouveau et d'avoir tracé avec science et autorité de précieux jalons au législateur; le sujet est digne d'études et de réflexions, une législation est à faire, l'Académie remplira avec fruit son rôle en affirmant avec nous l'utilité et l'urgence de cette législation, et en en posant avec son autorité les bases principales.

APPENDICE

Documents officiels relatifs au téléphone.

A. *Arrêté relatif aux autorisations d'établissements de communications téléphoniques*

Le ministre des postes et télégraphes,

Vu les lois des 29 novembre 1850 et 27 décembre 1851;

Vu les diverses demandes tendant à obtenir l'autorisation d'établir et d'exploiter dans Paris et les grandes villes un système de communications téléphoniques;

Arrête :

Article unique. — Sont fixées comme suit les clauses et conditions auxquelles pourra être autorisée l'installation.

Clauses et conditions :

§ 1er. Le réseau extérieur sera établi par les soins du service télégraphique de l'Etat aux frais exclusifs des permissionnaires et à la charge par ces derniers de justifier des autorisations nécessaires des administrations municipales et des propriétaires dont les immeubles auraient à supporter les fils conducteurs ou seraient affectés, d'une manière quelconque, par ces fils.

Les indemnités qui pourraient être réclamées pour la pose et le maintien des appuis et des fils ou à leur occasion et à un titre quelconque seront à la charge exclusive des permissionnaires.

La valeur intégrale des dépenses d'installation pour matériel et main-d'œuvre sera remboursée à l'administration au fur et à mesure des travaux, sur état dressé par le service des télégraphes dont les permissionnaires déclarent accepter d'avance les évaluations.

L'entretien de ce réseau sera assuré par le même service, aux mêmes conditions.

Pour garantie des paiements à effectuer, de ce double chef, par les permissionnaires, ces derniers seront tenus de verser à la caisse des dépôts et consignations, à titre de cautionnement, avant d'obtenir la délivrance de l'arrêté d'autorisation :

1° Une somme de 20,000 fr. pour y être maintenue jusqu'à l'entier achèvement des travaux d'établissement ;

2° Une somme de 5,000 fr. pour y être maintenue jusqu'à la fin de l'entreprise.

En cas de non versement des sommes dues par les permissionnaires en vertu des dispositions ci-dessus, lesdits dépôts seront acquis de plein droit à l'Etat jusqu'à due concurrence, huit jours après une mise en demeure restée sans effet, et les permissionnaires seront tenus de parfaire la différence sans aucun délai.

§ 2. L'Etat ne sera soumis à aucune responsabilité, soit à raison de l'exécution des dits travaux d'établissement, soit à raison de dérangements ou interruptions éventuelles, totales ou partielles des communications.

§ 3. Les permissionnaires resteront chargés de l'introduction des fils dans l'intérieur des immeubles intéressés, ainsi que de l'installation et de l'organisation des appareils dans les bureaux et dans les établissements reliés.

§ 4. Les appareils employés par les permissionnaires seront préalablement soumis à l'approbation du ministre des postes et télégraphes, sans l'autorisation duquel ils ne pourraient être modifiés ultérieurement.

§ 5. L'autorisation impliquera le droit, pour les permissionnaires, de mettre, selon le cas, pour l'échange des correspondances, chacun des établissements reliés aux différents bureaux centraux en communication directe, soit avec avec ces bureaux, soit entre eux.

Mais, en aucun cas, ces correspondances ne pourront avoir pour objet que les usages personnels des clients de l'entreprise, toute communication faite par ces clients au profit de tiers étant rigoureusement défendue.

§ 6. Les tarifs à percevoir par voie d'abonnement et les autres conditions de ces abonnements seront arrêtés par le ministre des postes et télégraphes, ainsi que toute modification ultérieure de ces tarifs et conditions.

Les tarifs devront être établis sur des bases uniformes pour tous les clients de l'entreprise, tout tarif de faveur étant rigoureusement interdit.

Il sera toutefois accordé un tarif réduit aux établissements publics de l'Etat ou municipaux qui seront desservis par l'entreprise.

Le taux de la réduction sera déterminé par le ministre des postes et télégraphes, sans pouvoir dépasser la moitié de la taxe applicable aux particuliers.

§ 7. L'exploitation sera soumise au contrôle de l'Etat. A cet effet, les agents de service des télégraphes, désignés par le ministre, auront le droit de pénétrer à toute heure dans les bureaux centraux et d'y exercer telle opération de contrôle qu'il appartiendra.

§ 8. Les permissionnaires paieront à l'Etat, à titre de droit d'usage du téléphone, une annuité calculée à raison de 10 0/0 des recettes brutes encaissées par l'entreprise, sans que cette annuité puisse être inférieure à cinq mille francs (5,000 francs).

Ce minimum de 5,000 fr. est applicable à une année entière. Pour la première année, l'annuité sera réduite proportionnellement au nombre de jours écoulés avant la mise en service du premier bureau central.

§ 9. Pour garantir le paiement des sommes dues à l'Etat, en vertu de l'article précédent, comme pour le couvrir de toute indemnité qu'il aurait à réclamer pour inobservation des clauses des présentes, les permissionnaires seront tenus de déposer, à la caisse des dépôts et consignations, dans le mois de l'autorisation, un cautionnement de vingt mille francs (20,000 fr.), qui sera maintenu, avec cette affectation spéciale, pendant toute la durée de l'entreprise.

En cas de non paiement des sommes dues aux causes ci-dessus, ce cautionnement serait acquis de plein droit à l'Etat, jusqu'à due concurrence, et les permissionnaires seront tenus de le parfaire immédiatement.

§ 10. L'autorisation donnée aux risques et périls des permissionnaires n'impliquera aucune espèce de privilège à leur profit, à quelque titre que ce soit, toutes autres autorisations semblables pouvant être accordées sans donner lieu à aucune indemnité, et l'Etat se réservant d'exploiter lui-même dans les conditions qui lui conviendraient.

Elle leur sera personnelle et ne pourra être transférée à d'autres sans l'autorisation expresse et par écrit du ministre des postes et télégraphes.

Elle sera valable pour cinq années, sauf renouvellement ultérieur.

Elle deviendrait nulle et non avenue :

1° Faute par les permissionnaires d'avoir effectué dans

les délais les dépôts de garantie fixés par les paragraphes 1 et 9 ci-dessus ;

2° Faute par eux d'avoir ouvert leur premier bureau central dans les trois mois de l'autorisation.

Elle pourrait être retirée :

1° En cas de faillite des permissionnaires ou de leurs ayant-droit ;

2° En cas d'inobservation des clauses et conditions de l'autorisation, huit jours après une mise en demeure restée sans effet, notamment en ce qui concerne l'emploi exclusif des communications pour les usages personnels des abonnés.

Elle pourrait être suspendue en cas de suspension du service de télégraphie privée ordinaire, et pour toute la durée de cette suspension.

Dans aucun cas ci-dessus, l'Etat ne sera tenu à aucune indemnité vis-à-vis, soit des permissionnaires, soit des abonnés, soit des tiers intéressés à un titre quelconque, tels que bailleurs de fonds, fournisseurs, entrepreneurs ou autres ; mais l'indemnité due, en vertu du paragraphe 8, serait de plein droit réduite proportionnellement à la période de l'année restant à courir au moment de l'application de la déchéance ou proportionnellement à la durée de la suspension.

§ 11. Le gouvernement pourra, à toute époque, racheter les droits résultant de l'autorisation accordée et le matériel de l'entreprise, moyennant une indemnité qui sera fixée d'un commun accord et, à défaut, à dire d'experts.

§ 12. A toute époque également, le gouvernement aura le droit d'acquérir, s'il le juge convenable, pour ses propres usages, les appareils conformes à ceux employés par les permissionnaires, à prix débattu et, à défaut, à dire d'experts, toute surélévation résultant du droit de brevet étant, par avance, exclue des éléments de ce prix.

§ 13. Toute contestation relative à l'interprétation ou

à l'exécution des clauses et conditions des présentes serait jugée administrativement.

§ 14. Les frais de timbre et l'enregistrement des autorisations accordées seront à la charge des permissionnaires.

Fait à Paris, le 26 juin 1879.

A. COCHERY.

B. — *Arrêté autorisant l'établissement et l'exploitation des réseaux téléphoniques* (1).

Le ministre des postes et télégraphes,

Vu les lois des 29 novembre 1850, 27 décembre 1851 et 5 avril 1878 ;

Vu l'arrêté du 26 juin 1879,

Arrête :

Art. 1er. — Sont fixées, conformément au cahier des charges ci-annexé, les clauses et conditions auxquelles pourront être autorisés, à partir de la date du présent arrêté, l'établissement et l'exploitation par l'industrie privée des réseaux téléphoniques dans certaines villes spécialement déterminées.

Art. 2. — Sont abrogées les dispositions de l'arrêté du 26 juin 1879.

Art. 3. — Le présent arrêté sera déposé à la direction du personnel pour être notifié à qui de droit.

Paris, le 18 juillet 1884.

Le ministre des postes et des télégraphes,

A. COCHERY.

(1) Bulletin mensuel des postes et des télégraphes, août 1884, no 20, p. 245 et suiv.

Cahier des charges pour l'établissement, l'entretien et l'exploitation de réseaux téléphoniqnes.

Article premier. — L'autorisation d'exploiter un réseau téléphonique implique le droit, pour les permissionnaires, de relier, pour l'échange des conversations, chacun des abonnés à l'un des bureaux centraux du réseau, et de le mettre temporairement en communication, par l'intermédiaire des bureaux centraux, soit avec les autres abonnés, soit avec les bureaux téléphoniques publics et les bureaux de l'Etat, ainsi qu'il est dit ci-après.

Sauf dans des cas exceptionnels, et que le ministre des postes et télégraphes se réserve de déterminer, les permissionnaires ne pourront refuser de relier à leurs réseaux un établissement particulier ou une habitation située dans le périmètre de distribution gratuite des télégrammes de la ville, siège du bureau central.

Les abonnements seront souscrits sous réserve de la cessation de l'autorisation accordée aux permissionnaires ou de la reprise de l'exploitation par l'Etat, et au nom personnel des intéressés, ou sous une raison sociale représentant une exploitation industrielle ou commerciale. Les abonnements collectifs pour des personnes non associées, ou ne constituant pas une entreprise commune, ne seront pas admis. Les intéressés pourront être mis en demeure de prouver leur droit de souscrire des abonnements collectifs.

Art. 2. — Les communications ne pourront être demandées et utilisées que par les signataires de l'abonnement, leurs employés et les personnes demeurant avec eux; elles devront être strictement limitées à l'usage particulier des abonnés, et utilisées seulement à partir de leur domicile, toute communication faite au profit de tiers non abonnés étant rigoureusement interdite.

Il sera notamment interdit aux abonnés d'autoriser, moyennant une rétribution quelconque, qui que ce soit à faire usage de leurs appareils, toute infraction à cette règle pouvant entraîner la résiliation du contrat d'abonnement avec dommages et intérêts, sans préjudice des autres poursuites qui pourraient être intentées aux contrevenants.

Toutefois les cercles et établissements ouverts au public pourront étendre à leurs clients l'usage du téléphone aux conditions spécifiées à l'art. 23 ci-après.

Art. 3. — Les réseaux extérieurs seront établis par les soins du service des télégraphes de l'Etat, aux frais exclusifs des permissionnaires et à charge par ces derniers de justifier des autorisations nécessaires des administrations municipales et des propriétaires dont les immeubles auraient à supporter des fils conducteurs ou seraient affectés d'une manière quelconque par ces fils.

Les indemnités qui pourraient être réclamées pour la pose et le maintien des appuis et des fils, ou à leur occasion et à un titre quelconque, seront à la charge exclusive des permissionnaires.

Art. 4. — La valeur intégrale des dépenses d'installation pour matériel et main-d'œuvre sera remboursée à l'administration au fur et à mesure des travaux, sur un état dressé par le service des télégraphes, dont les permissionnaires déclarent accepter d'avance les évaluations.

Ce remboursement comprendra, à titre de frais généraux, cinq pour cent (5 0/0) sur le montant des dites dépenses.

La valeur des câbles fournis par les permissionnaires n'entrera pas, bien entendu, dans le remboursement, mais ce matériel sera reçu par l'administration et donnera lieu, après réception, à la perception, au profit de l'Etat à titre de frais de contrôle, de cinq pour cent (5 0/0) de sa valeur.

Art. 5. — Le ministre des postes et télégraphes aura le droit de prescrire, en tout temps, dans l'installation des réseaux concédés, les modifications nécessaires au point de vue de la sécurité publique ou du bon fonctionnement des lignes télégraphiques de l'Etat.

Les modifications affectant les lignes extérieures seront effectuées par le service des télégraphes au frais des permissionnaires, dans les mêmes conditions que les travaux d'établissement.

Art. 6. — L'entretien des réseaux sera assuré par le même service aux mêmes conditions.

Art. 7. — L'Etat ne sera soumis à aucune responsabilité, soit à raison de l'exécution des travaux d'établissement ou d'entretien, soit à raison de dérangements ou d'interruptions éventuelles, totales ou partielles de communications.

Art. 8. — Les permissionnaires resteront chargés de l'introduction des fils dans l'intérieur des immeubles intéressés, ainsi que de l'installation et de l'organisation des appareils dans les bureaux et dans les établissements reliés.

Art. 9. — Les appareils employés par les permissionnaires seront préalablement soumis à l'approbation du ministre des postes et télégraphes, sans l'autorisation duquel ils ne pourraient être modifiés ultérieurement.

Art. 10. — Les permissionnaires s'obligeront à tenir, au fur et à mesure des installations nouvelles, leur matériel au courant des divers perfectionnements, soit pour les postes, soit pour les lignes, et à appliquer ces perfectionnements dans les opérations d'entretien et de renouvellement.

Art. 11. — Les tarifs à percevoir par voie d'abonnement et les autres conditions de ces abonnements ne pourront être établis qu'avec approbation du ministre des postes et des télégraphes, toute modification ultérieure de ces tarifs et conditions sera également soumise à son approbation préalable.

Les tarifs devront être établis sur des bases uniformes par tous les clients de l'entreprise, tout tarif de faveur étant rigoureusement interdit.

Il sera toutefois accordé un tarif réduit aux établissements publics de l'Etat ou municipaux qui seraient desservis par l'entreprise.

Le taux de la réduction sera déterminé par le ministre des postes et télégraphes, sans pouvoir dépasser la moitié de la taxe applicable aux particuliers.

Art. 12. — L'exploitation sera soumise au contrôle de l'Etat. A cet effet, les agents du service des télégraphes désignés par le ministre auront le droit de pénétrer, à toute heure, dans les bureaux centraux, et d'y exercer telle opération de contrôle qu'il appartiendra.

Art. 13. — Les permissionnaires paieront à l'Etat, à titre de droit d'usage des téléphones, une annuité calculée à raison de dix pour cent (10 0/0) des recettes brutes encaissées par l'entreprise, sans que cette annuité puisse être inférieure à cinq mille francs (5,000 fr.) pour Paris et à mille francs (1,000 fr.) pour les autres réseaux.

Ces minimums seront applicables à une année entière. Pour la première année, l'annuité sera réduite, pour chaque réseau, proportionnellement au nombre de jours écoulés avant la mise au service du premier bureau central.

Art. 14. — Pour garantir le paiement des sommes dues à l'Etat, soit en vertu de l'article précédent, soit en vertu des articles 4, 5 et 6, comme pour le couvrir de toute indemnité qu'il aurait à réclamer pour inobservation des clauses des présentes, les permissionnaires sont tenus de déposer à la caisse des dépôts et consignations, dans le mois de l'autorisation, les cautionnements suivants qui y seront maintenus pendant toute la durée de l'exploitation :

1° Pour l'organisation d'un réseau téléphonique à Paris, trois cent cinquante mille francs (350,000 fr.) ;

2° Pour une organisation semblable dans les départements, vingt-cinq mille francs (25,000 fr.) par ville.

Le cautionnement devra être fait en totalité et maintenu un quart au moins, en numéraire ou en rentes sur l'Etat, pendant toute la durée de la concession:

Les trois autres quarts pourront être restitués, en totalité ou en partie, lorsque l'exploitation étant en pleine activité, le permissionnaire aura justifié de la possession d'un matériel affecté à l'entreprise dont la valeur couvre cette somme augmentée de vingt pour cent (20 0/0).

Dans cette hypothèse, c'est ce matériel même qui sera affecté à la garantie de l'Etat jusqu'à due concurrence.

Cette substitution ne pourra être opérée qu'avec le consentement du ministre des postes et des télégraphes, sans préjudice d'ailleurs de toutes autres formalités exigées par les lois et règlements.

En cas de non paiement des sommes dues aux causes ci-dessus, le cautionnement sera acquis de plein droit à l'Etat, jusqu'à due concurrence, et le permissionnaire sera tenu de le parfaire immédiatement.

Art. 15. — Les autorisations données aux risques et périls des permissionnaires n'impliqueront aucune espèce de privilège à leur profit à quelque titre que ce soit, toutes autres autorisations semblables pouvant être accordées, sans donner lieu à aucune indemnité, et l'Etat se réservant d'exploiter lui-même dans les conditions qui lui conviendraient.

Elles leur seront personnelles et ne pourront être transférées à d'autres sans l'autorisation expresse et par écrit du ministre des postes et des télégraphes.

Elles seront valables pour cinq années à partir du 8 septembre 1884, sauf renouvellement ultérieur.

Elles deviendraient nulles et non avenues :

1° Faute par les permissionnaires d'avoir effectué dans les délais les dépôts de garantie fixés par l'article 14 ci-dessus ;

2° Faute par eux d'avoir ouvert le premier bureau central dans les trois mois de l'autorisation.

Elles pourraient être retirées :

1° En cas de faillite des permissionnaires ou de leurs ayant-droit ;

2° En cas d'inobservation des clauses et conditions de l'autorisation, huit jours après une mise en demeure restée sans effet, notamment en ce qui concerne l'emploi exclusif des communications pour les usages personnels des abonnés.

Elles pourraient être suspendues en cas de suspension du service de la télégraphie privée ordinaire, et pour toute la durée de cette suspension.

Dans aucun des cas ci-dessus, l'Etat ne sera tenu à aucune indemnité vis-à-vis, soit des permissionnaires, soit des abonnés, soit des tiers intéressés à un titre quelconque, tels que bailleurs de fonds, fournisseurs, entrepreneurs ou autres ; mais l'annuité due en vertu de l'article 13 serait de plein droit réduite proportionnellement à la période de l'année restant à courir au moment de l'application de la déchéance, ou proportionnellement à la période de suspension.

Art. 16. — Les permissionnaires des réseaux téléphoniques urbains pourront être autorisés à installer (et ce, sous les conditions spéciales à déterminer dans chaque cas particulier, notamment quant à la longueur maxima des fils), dans des localités suburbaines nominativement désignées, des bureaux centraux ou collecteurs auxquels aboutiront les fils des établissements situés en dehors des périmètres de distribution gratuite de la ville où sera installé le réseau principal, ces bureaux étant eux-mêmes en communication directe avec le réseau urbain par des lignes de service spéciales.

Les lignes reliant les établissements des particuliers aux bureaux centraux suburbains, et ces derniers au périmètre de distribution gratuite, seront établies et entretenues aux conditions fixées pour les lignes d'intérêt privé.

Les permissionnaires seront chargés de l'introduction des fils dans les immeubles, ainsi que de l'installation et de l'organisation des appareils, soit dans les bureaux centraux suburbains, soit dans les établissements reliés à ces bureaux.

Le droit d'usage applicable aux lignes d'intérêt privé sera dû à l'Etat, pour chaque abonné, d'après la distance à vol d'oiseau entre le domicile de ce dernier et le périmètre de distribution gratuit des télégrammes dans la ville, siège du réseau principal.

Les permissionnaires auront la faculté de prendre à leur charge les droits d'établissement, d'entretien et d'usage de ligne des sections *extra muros*, soit à comprendre le remboursement par annuités de cette dépense dans la fixation d'un abonnement supplémentaire payé par les abonnés de la banlieue en sus de l'abonnement fixé pour les abonnées du réseau urbain.

Le montant de l'abonnement supplémentaire ne pourra être établi qu'avec l'approbation du ministre des postes et télégraphes. Il sera exempt de la redevance de dix pour cent (10 0/0), spécifié à l'article 13.

Le droit d'usage à percevoir devra être toutefois au moins égal à 10 0/0 dudit abonnement supplémentaire.

L'Etat restera propriétaire de toutes les lignes établies en dehors du périmètre de distribution gratuite des télégrammes, le surplus des installations des lignes et des appareils restant la propriété des permissionnaires.

Si les permissionnaires font l'avance des frais d'établissement des lignes *extra muros*, ils pourront amortir cette avance en cinq années, et en cas de rachat par l'Etat, ils conserveront le droit de toucher, par l'intermédiaire de celle-ci, les annuités restant à courir.

Art 17. — Les permissionnaires pourront obtenir l'autorisation et, au besoin, pourront être requis par le ministre des postes et télégraphes de faire relier à leurs frais, par des lignes spéciales, leurs bureaux centraux aux bureaux télégraphiques de l'Etat.

Les abonnés pourront alors obtenir, en payant, si les permissionnaires le demandent, un abonnement supplémentaire approuvé par le ministre des postes et des télégraphes, l'autorisation de :

1° Déposer aux bureaux télégraphiques par téléphone et recevoir de ces derniers, par la même voie, leurs dépêches télégraphiques, les services de la transmission et de la réception des télégrammes par téléphone étant effectués aux frais des permissionnaires, dans les conditions fixées par un arrêté ministériel;

2° Correspondre du réseau d'une ville au réseau d'une autre ville par l'intermédiaire des lignes téléphoniques établies éventuellement par le service des postes et des télégraphes entre les bureaux télégraphiques desdites villes.

Art. 18. — La communication entre ces réseaux sera donnée aux abonnés par l'intermédiaire des bureaux téléphoniques centraux qui les desserviront et des bureaux télégraphiques auxquels aboutiront les lignes téléphoniques spéciales de ville en ville.

Ne seront pas considérées comme communications de réseau à réseau ni soumises à la taxe fixée pour ces communications les correspondances échangées entre un réseau principal et les réseaux suburbains installés dans les conditions indiquées à l'article 16.

La taxe des communications de ville en ville sera perçue toute entière au profit de l'Etat dans les conditions du règlement genéral.

Art. 19. — Des postes téléphoniques reliés, aux frais des permissionnaires, avec les bureaux téléphoniques centraux pourront être ouverts et fonctionner, soit dans les bureaux télégraphiques de l'Etat et par les soins et aux frais de celui-ci, au moyen de cabines fournies par lui, soit en dehors de ces bureaux, au moyen de cabines fournies par les permissionnaires et gérées à leurs propres frais, et dont l'emplacement sera approuvé par le ministre des postes et télégraphes.

Les personnes placées dans ces cabines pourront correspondre, soit avec les abonnés du réseau, soit avec des personnes placées dans d'autres bureaux publics.

Art. 20. — La taxe des correspondances ainsi échangées sera arrêtée par l'Etat, dans les conditions des lois du 21 mars et du 5 avril 1878, et appartiendra à l'Etat.

Art. 21. — Le ministre pourra exiger, dans chacune des villes desservies, l'installation dans les conditions de l'article 19, de bureaux téléphoniques publics dans les divers bureaux télégraphiques ouverts dans ladite ville.

A Paris, toutefois, le nombre des bureaux téléphoniques que l'Etat pourra ouvrir au public dans ces conditions sera provisoirement de cinquante seulement, sans préjudice des extensions à donner, après entente avec les permissionnaires.

Art. 22. — Un règlement spécial arrêté par le ministre des postes et des télégraphes, les permissionnaires entendus, fixera les conditions de détail et notamment la rémunération des permissionnaires pour les dépenses résultant de l'exécution du service des bureaux téléphoniques publics.

Art. 23. — Les cercles et les établissements ouverts au public qui seront reliés au réseau téléphonique pourront être autorisés à mettre un poste téléphonique à la disposition de leur clientèle, aux conditions spéciales fixées à cet effet par le règlement spécifié à l'article précédent.

Art. 24. — Le gouvernement pourra à toute époque racheter les droits résultant de l'autorisation accordée et le matériel de l'entreprise, moyennant une indemnité qui sera fixée d'un commun accord, et, à défaut, à dire d'experts.

Le ministre des postes et des télégraphes pourra, en notifiant au permissionnaire son intention d'effectuer le rachat, réclamer, pour le rachat du matériel de l'entreprise, la substitution au mode d'évaluation par expertise dans les conditions qui precèdent, d'un prix fixé comme suit :

La valeur dudit matériel formera un compte de premier établissement qui sera arrêté :

1° Pour la partie des réseaux installée antérieurement, à la date de la concession faite aux conditions du présent cahier des charges en s'en référant aux livres des permissionnaires ;

2° Pour la partie à construire postérieurement à cette date, d'après les constatations, après exécution des travaux faits par les ingénieurs de l'Etat, délégués par le ministre, à cet effet.

A la fin de chaque exercice, le compte de premier établissement sera réduit de :

1° Deux pour cent (2 0/0) sur le montant total des dépenses qui y auront été portées pour l'exercice ;

2° Cinq pour cent (5 0/0), à titre d'intérêt sur le total des réductions opérées pour les exercices précédents.

Et c'est de la somme ainsi réduite qu'on tiendra compte pour le rachat.

Si le rachat est effectué dans le cours d'un exercice, la double réduction relative à l'année en cours sera opérée au prorata du temps écoulé depuis le commencement de l'exercice.

Lesdites dispositions ne s'appliqueront pas, bien entendu, aux lignes suburbaines, l'Etat en étant de plein droit propriétaire.

Art. 25. — A toute époque également le gouvernement aura le droit d'acquérir, s'il le juge convenable pour ses propres usages, les appareils conformes à ceux employés par les permissionnaires, à prix débattu et, à défaut, à dire d'experts, toute surélévation résultant du droit de brevet étant, par avance, excluse des éléments de ce prix.

En cas de rachat, ou à l'expiration de la présente concession, les permissionnaires seront tenus de fournir à l'Etat, sur la demande de ce dernier, et pour tous les objets pour lesquels celui-ci les réclamerait, à l'exclusion cependant du service des réseaux concédés à l'exploitation privée, les appareils conformes à ceux employés pendant la concession, à un prix qui ne pourra, en aucun cas, dépasser le prix courant de vente au public par lesdits permissionnaires, prix dont il sera justifié.

En cas de cession de brevets par des permissionnaires à un tiers, ledit tiers devra être substitué aux présentes obligations.

Art. 26. — Il sera interdit au permissionnaire d'employer des fils de ces réseaux à tous usages autres que ceux auxquels il est formellement autorisé.

Art. 27. — Tous les agents employés par les permissionnaires dans leurs bureaux téléphoniques centraux ou publics devront être de nationalité française et seront soumis au serment professionnel dans les conditions imposées aux agents auxiliaires des postes et des télégraphes.

Les permissionnaires devront également être Français.

Si l'entreprise est confiée à une compagnie, nul ne peut, nul ne pourra, soit en être le directeur, soit faire partie du conseil d'administrationt ou du conseil de surveillance, s'il n'est de nationalité française.

Les permissionnaires, s'ils ne sont pas domiciliés à Paris, devront y avoir des représentants dûment accrédités, auxquels pourront être valablement faites toutes les communications et significations jugées utiles.

Art. 28. — Toute contestation relative à l'interprétation ou à l'exécution des clauses et conditions des présentes serait jugée administrativement.

Art. 29. — Les frais de timbre et d'enregistrement des autorisations accordées seront à la charge des permissionnaires.

Approuvé :

Paris, le 18 juillet 1884.

Le ministre des postes et des télégraphes,

Ad. Cochery.

C. — *Décret des* 31 *décembre* 1884 — 9 *janvier* 1885, *qui met à la disposition du public des cabines téléphoniques et fixe la taxe des correspondances* (1).

Le Président de la République française :

Vu l'art. 2 de la loi du 21 mars 1878;

Vu la loi du 5 avril 1878;

Sur le rapport du Ministre des postes et télégraphes;

Décrète :

Article premier. — Toute personne peut, à partir des

(1) Une société anonyme pour l'exploitation de la téléphonie à grande distance a été constituée à Paris, le 8 août 1885, et a établi son siège social, 3, rue de Rougemont.

cabines téléphoniques mises par l'Etat à la disposition du public, correspondre soit avec une autre personne placée dans une cabine téléphonique de la même ville, soit avec un abonné du réseau.

La taxe à percevoir pour l'entrée dans les cabines pubiques est fixée, par cinq minutes de conversation : à Paris, à 50 centimes; dans toutes les autres localités de France, d'Algérie et de Tunisie, à 25 centimes.

Art. 2. — Des communications téléphoniques à distance peuvent être mises à la disposition du public.

Les lignes auxquelles est appliquée cette mesure, sont indiquées par décision ministérielle.

La taxe à percevoir par cinq minutes de conversation de ville à ville est fixée :

Pour toute distance inférieure à cent kilomètres, à 1 franc.

Cette taxe peut être réduite à 50 centimes lorsque les deux villes entre lesquelles s'échange des conversations par téléphone ont été classées, par décision du Ministre des postes et télégraphes, comme faisant partie d'un seul et même groupe téléphonique.

Les conditions dans lesquelles cette taxe est perçue, soit sur la personne qui demande la communication, soit par moitié sur chacune des deux personnes en correspondance, et en général toutes les conditions d'exécution du service, sont déterminées par arrêtés du Ministre des postes et des télégraphes.

D. — *Décret du 28 juillet 1885, autorisant l'emploi des lignes téléphoniques par les abonnés des établissements publics déjà abonnés eux-mêmes.*

Le Président de la République française :

Vu les lois des 21 mars et 5 avril 1878;

Vu le décret du 31 décembre 1884 ;
Sur le rapport du Ministre des postes et télégraphes ;

DÉCRÈTE :

Article premier. — Les cercles et les établissements publics, tels que cafés, restaurants, hôtels, etc., abonnés aux réseaux téléphoniques concédés à l'industrie privée, sont autorisés à mettre le téléphone à la disposition de leurs membres ou clients, moyennant le paiement d'un abonnement double de celui qui est fixé par le tarif applicable aux abonnés ordinaires.

Le deuxième abonnement perçu par le permissionnaire revient intégralement à l'Etat.

Art. 2. — Le Ministre des postes et télégraphes est chargé, etc.

E. — *Décret du 28 juillet 1885, qui admet à l'usage des cabines téléphoniques les abonnés des réseaux privés.*

Le Président de la République française :
Vu l'art. 2 de la loi du 21 mars 1878 ;
Vu la loi du 5 avril 1878 ;
Vu le décret du 31 décembre 1884 ;
Sur le rapport du Ministre des postes et télégraphes ;

DÉCRÈTE :

Article premier. — Les abonnés aux réseaux téléphoniques exploités par l'industrie privée peuvent obtenir la faculté de correspondre par l'intermédiaire des cabines téléphoniques publiques, dans les limites de chaque réseau urbain, moyennant le paiement préalable d'une taxe d'abonnement qui tient lieu de la taxe perçue pour chaque communication, en vertu du décret du 31 décembre 1884.

Art 2. — L'abonnement applicable à la correspondance par cabines téléphoniques est fixé à 40 francs par an à Paris et à 30 francs dans les départements.

Art. 3. — Les conditions dans lesquelles cet abonnement est perçu, et, en général, toutes les dispositions relatives à l'exécution du service des cabines téléphoniques, sont déterminés par arrêtés du Ministre des postes et télégraphes.

F. — *Lois des 28-30 juillet 1885 relatives à l'établissement, à l'entretien et au fonctionnement des lignes télégraphiques et téléphoniques.*

Article premier. — Les opérations relatives à l'établissement et à l'entretien des lignes télégraphiques ou téléphoniques appartenant à l'Etat et destinées à l'échange des correspondances seront effectuées dans les conditions indiquées ci-après :

Art. 2. — L'Etat a le droit d'exécuter sur le sol ou sous le sol des chemins publics et de leurs dépendances tous travaux nécessaires à la construction et à l'entretien des lignes télégraphiques ou téléphoniques.

Les fils télégraphiques ou téléphoniques autres que ceux des lignes d'intérêt général ne pourront être établis dans les égouts appartenant aux communes qu'après avis des conseils municipaux, et moyennant une redevance, si les conseils municipaux l'exigent.

Un décret rendu en forme de règlement d'administration publique déterminera le taux de cette redevance.

Art. 3. — L'Etat a pareillement le droit d'établir des supports, soit à l'extérieur des murs ou façades donnant sur la voie publique, soit même sur les toits et terrasses des bâtiments, à condition qu'on y puisse accéder de l'extérieur.

Il a enfin également le droit d'établir les conduits en supports sur le sol ou sous le sol des propriétés non bâties qui ne sont pas fermées de murs ou autre clôture équivalente.

Art. 4. — Dans tous les cas qui viennent d'être prévus, l'établissement des conduits et supports n'entraîne aucune dépossession.

La pose d'appuis sur les murs de façade ou sur le toit des bâtiments ne peut faire obstacle au droit du propriétaire de démolir, réparer ou surélever.

La pose des conduits dans un terrain ouvert ne fait pas non plus obstacle au droit du propriétaire de se clore.

Mais le propriétaire devra, un mois avant d'entreprendre les travaux de démolition, réparation, surélévation ou clôture, prévenir l'administration par lettre chargée adressée au directeur des postes et télégraphes du département.

Art. 5. — Lorsque, pour l'étude des projets d'établissement de lignes, l'introduction des agents de l'administration dans les propriétés privées sera nécessaire, elle sera autorisée par un arrêté préfectoral.

Art. 6. — Avant toute exécution, un tracé de la ligne projetée, indiquant les propriétés privées où il doit être placé des supports ou des conduits, sera déposé pendant trois jours à la mairie de la commune où ces propriétés sont situées.

Ce délai de trois jours courra à dater de l'avertissement qui sera donné aux parties intéressées de prendre communication du tracé déposé à la mairie.

Cet avertissement sera affiché à la porte de la maison commune et inséré dans l'un des journaux publiés dans l'arrondissement.

Art. 7. — Le maire ouvrira un procès-verbal pour recevoir les observations ou réclamations. A l'expiration du délai, il transmettra ce procès-verbal au préfet qui arrêtera le tracé définitif et autorisera toutes les opérations que comporteront l'établissement, l'entretien et la surveillance de la ligne.

Art. 8. — L'arrêté préfectoral déterminera les travaux à effectuer. Il sera notifié individuellement aux intéressés. Les travaux pourront commencer trois jours après cette notification.

Ce délai ne s'applique pas aux travaux d'entretien.

Si les travaux ne sont pas commencés dans les quinze jours de l'avertissement, celui-ci devra être renouvelé.

Lorsque, pour des raisons d'ordre et de sécurité publique, il y aura urgence à établir ou rétablir une ligne télégraphique, le préfet, par un arrêté motivé, pourra prescrire l'exécution immédiate des travaux.

Art. 9. Les notifications et avertissements prévus ci-dessus pourront être donnés au locataire, fermier, gardien ou régisseur de la propriété.

Art. 10. — Lorsque des supports ou attaches seront placés à l'extérieur des murs et façades ou sur des toits ou terrasses, ou encore lorsque des supports et conduits seront posés dans des terrains non clos, il ne sera dû au propriétaire d'autre indemnité que celle du préjudice résultant des travaux de construction de la ligne ou de son entretien.

Cette indemnité, à défaut d'arrangement amiable, sera réglée par le Conseil de préfecture, sauf recours au Conseil d'Etat.

Si le Conseil de préfecture croit devoir ordonner une expertise, il y sera procédé par un seul expert qui sera désigné d'office par le Conseil, à défaut par les parties de l'avoir nommé d'accord dans le délai qui leur aura été imparti.

L'expert désigné d'office ne pourra être un agent de l'administration.

Art. 11. — L'arrêté préfectoral autorisant l'établissement et l'entretien des lignes télégraphiques ou téléphoniques, sera périmé de plein droit, s'il n'est pas suivi d'un commencement d'exécution dans les six mois de sa date ou dans les trois mois de sa notification.

Art. 12. — Les actions en indemnité, prévues par l'article 10 ci-dessus, seront prescrites par le laps de deux ans, à dater du jour où les travaux auront pris fin.

Art. 13. — Dans le cas où il serait nécessaire d'exécuter, pour l'établissement des lignes, des travaux de nature à entraîner une dépossession définitive, il ne pourrait, à défaut d'entente entre l'administration et les propriétaires, être procédé que conformément aux lois des 3 mai 1841 et 27 juillet 1870.

Toutefois, l'indemnité, le cas échéant, serait réglée dans la forme prévue par l'art. 16 de la loi du 21 mai 1836.

Art. 14. — La présente loi est applicable à l'Algérie et aux colonies régies par le sénatus-consulte du 3 mai 1854.

Art. 15. — Toutes dispositions antérieures sont abrogées en ce qu'elles ont de contraire à la présente loi.

G. — *Police d'abonnement de la Société générale des Téléphones* (1).

RÉSEAU TÉLÉPHONIQUE DE PARIS

Conditions de l'Abonnement pour le Service du Téléphone dans l'intérieur de Paris.

Article premier. — La *Société générale des Téléphones* met à la disposition de ses abonnés un fil téléphonique

(1) Extrait du Mémoire de M. Adolphe Rousseau, cité plus haut.

allant des locaux occupés par chaque abonné à l'un des bureaux centraux de ladite Société.

Art. 2. — L'établissement du fil téléphonique et de l'appareil téléphonique a lieu par les soins et aux frais de la Société, laquelle en demeure toujours propriétaire.

Art. 3. — Le point de départ sera établi à l'endroit désigné par l'abonné dans les locaux occupés par lui. — L'abonné doit obtenir du propriétaire de l'immeuble qu'il habite l'autorisation pour la *Société générale des Téléphones*, de faire les installations nécessaires.

Art. 4. — L'abonné aura toujours le droit de faire déplacer, *à ses frais*, son installation par le personnel de la Société, pourvu que le point de départ reste toujours dans les locaux désignés au contrat d'abonnement; mais, en cas de changement de domicile, l'abonnement en cours est dû pour la durée du contrat, et un nouvel abonnement doit être souscrit pour le nouveau domicile.

Si l'abonné donne avis de son changement de domicile *avant que les travaux aient été entrepris*, la nouvelle installation n'entraîne aucune dépense spéciale : mais, si les travaux ont reçu un *commencement d'exécution*, l'abonné est tenu de rembourser le montant des frais occasionnés.

La Société admet la cession de l'abonnement par suite de la substitution d'un abonné à un autre, étant bien entendu que le substituant demeure responsable du payement intégral de l'abonnement pour la durée du contrat restant à courir au moment où le substitué entre en jouissance de la ligne.

Art. 5. — Les frais d'entretien des appareils et des accessoires sont à la charge de la Société et compris dans les prix d'abonnement.

L'abonné est responsable de tout dommage causé par son propre fait, ou par le fait des personnes dont il a à répondre.

Toutes les fois que les besoins du service l'exigeront, l'abonné devra laisser visiter l'appareil placé chez lui, par les employés de la Société qui justifieront de leur qualité.

Art. 6. — L'abonnement ne peut être fait pour moins d'une année. Son point de départ pour chaque ligne est fixé au jour où les fils et appareils entrent en fonctionnement.

Il se renouvelle par tacite reconduction pour une période égale, et ainsi de suite, de période en période, à défaut d'avoir été dénoncé par l'une des parties, au moins trois mois avant l'expiration de la période.

Art. 7. — L'abonné pourra, par ce fil, communiquer avec tous les abonnés de la Société dans l'étendue du réseau parisien dans les conditions où cette communication peut se produire.

Les lignes *d'intérêt privé* que l'abonné aurait fait établir à ses frais ne pourront être mises en relation avec le réseau téléphonique de la Société qu'avec l'autorisation de celle-ci et moyennant des conditions particulières.

Pour faciliter les communications, la Société s'oblige à remettre à chaque abonné, au moment où la ligne pourra fonctionner, la liste complète de ses abonnés, et à le tenir au courant des noms et adresses des nouveaux abonnés par la remise de nouvelles listes ou de listes supplémentaires.

Art. 8. — L'abonné devra se conformer à tous décrets, arrêtés, ordonnances et règlements quelconques faits ou à faire sur la matière, émanant des autorités compétentes, et ce, sans qu'en aucun cas, et sous aucun prétexte, il puisse, en raison du trouble apporté par eux dans sa jouissance, demander soit la résiliation des présentes conventions, soit la diminution de sa redevance.

Art. 9 — La *Société générale des Téléphones* ne sera passible d'aucuns dommages-intérêts, ni recours quelconques, pour retard dans l'installation des appareils ou par suite d'interruption momentanée du service.

Art. 10. — Le prix de l'abonnement pour le fil et l'appareil téléphonique est fixé à six cents francs par an; pour deux fils et deux appareils à onze cents francs; pour trois fils et trois appareils ou plus, à cinq cents francs par fil et appareil, le tout payable par semestre et d'avance, par l'abonné, à son domicile (1).

L'abonnement aux appareils supplémentaires posés sur la demande de l'abonné est réglé par un tarif spécial. Il est l'objet d'un contrat accessoire dit Avenant au contrat principal.

Art. 11. — L'abonné acquittera les taxes établies par la Ville de Paris, ainsi que les frais de timbre et de police.

Art. 12. — Il est expressément convenu qu'à défaut d'un seul payement d'avance à échéance, le présent abonnement sera, au choix de la Société, suspendu ou résilié avec dommages-intérêts à son profit

La Société n'aura, pour ce faire, à remplir aucune formalité judiciaire; elle pourra, 24 heures après une mise en demeure restée infructueuse, suspendre l'usage du fil téléphonique pour le client; elle restera seule juge de demander ou non la résiliation du présent contrat.

EXTRAIT DE L'ARRÊTÉ MINISTÉRIEL DU 26 JUIN 1879.

Art. 5....... — Ces correspondances ne pourront avoir pour objet que les usages personnels des clients de l'entreprise, toute communication faite par ces clients au profit de tiers étant rigoureusement interdite.

(1) En province les prix sont de 400 fr. pour un fil, 750 fr. pour 2 fils et 350 fr. par fil et par appareil au-delà de deux.

Art. 10. — Les communications téléphoniques pourraient être suspendues en cas de suspension du service de la télégraphie privée ordinaire et pour toute la durée de cette suspension.

N. B. — La Société n'accepte aucune responsabilité à raison du service de la correspondance privée par voie téléphonique.

H. — *Police d'abonnement de l'Etat* (1).

Conditions auxquelles peuvent être établis et mis à la disposition du public dans l'intérieur d'une même ville ou entre plusieurs villes, des réseaux téléphoniques exploités par l'Administration des Postes et des Télégraphes.

Article 1er. — Le service s'effectue par l'intermédiaire de bureaux centraux gérés par les agents des Postes et Télégraphes. Les installations de ces bureaux et l'établissement des communications reliant ensemble les bureaux centraux d'une même ville ou de plusieurs villes sont exécutés par l'Administration et restent à sa charge.

Art. 2. — Sont admises à se servir de ces communications :

1° Les personnes qui ont fait relier aux bureaux centraux par des fils spéciaux et aux conditions indiquées ci-après les locaux occupés par elles, à l'effet de se servir desdits fils ;

2° Toutes personnes qui se présentent dans les bureaux centraux ou dans les bureaux téléphoniques secondaires de l'Etat ouverts au public, et acquittent une taxe spéciale à titre de droit de location.

Art. 3. — Les abonnés des réseaux téléphoniques ont la faculté de se procurer eux-mêmes les appareils récepteur

(1) Extrait du Mémoire de M. Adolphe Rousseau.

et transmetteur, sonneries ou appareils d'appel auxquels doit aboutir, dans les locaux occupés par eux, le fil qui les relie au bureau central.

Ces appareils doivent toutefois être choisis parmi les modèles-types acceptés par l'Administration et pouvoir correspondre avec les appareils employés par le bureau central ou par les autres abonnés. Avant d'être mis en service, ils sont soumis au contrôle et à la vérification de l'Administration, qui les essaie, peut refuser de les agréer ou exiger certaines modifications et reste juge de la possibilité de leur emploi.

Elle perçoit à titre de fonds de concours, pour remboursement des frais de contrôle, 5 0/0 de la valeur de ce matériel sur facture.

Toutefois, le service des télégraphes de l'Etat peut, sur la demande des abonnés, leur fournir ou leur louer, aux conditions fixées par des décisions spéciales, les appareils nécessaires conformes aux types acceptés par lui.

Le service des télégraphes de l'Etat peut également se charger de l'acquisition et de l'installation des appareils nécessaires au fonctionnement des lignes téléphoniques qui ont pour objet un service administratif de l'Etat ou municipal, ou des lignes qui leur sont assimilées, moyennant une contribution déterminée comme il suit :

1° Par poste principal comprenant un appareil de transmission, de réception et d'appel, et une pile, trois cents francs (300 francs).

2° Par poste secondaire d'appel ou d'avertissement, y compris la fourniture d'une pile, cinquante francs (50 francs).

Art. 4. — L'Administration se charge d'installer :

1° Les appareils présentés par les abonnés et acceptés par elle ; de fournir des piles nécessaires à leur fonctionnement et d'établir les fils à poser dans l'intérieur de l'immeuble pour relier le poste téléphonique de l'abonné au fil extérieur. Ces divers travaux et fournitures sont faits moyennant un prix à forfait de 75 francs qui s'applique à tous les objets indispensables à l'installation intérieure, l'abonné n'ayant à se procurer à ses frais que l'appareil téléphonique transmetteur et récepteur et la sonnerie.

L'appareil est établi chez l'abonné à l'endroit désigné par lui, dans les locaux qu'il occupe. Celui-ci a toujours le droit de faire déplacer à ses frais son installation par les agents de l'Administration, sous réserve que le point de départ de la ligne reste toujours dans les locaux qu'il occupait le jour de l'abonnement.

2° La ligne extérieure destinée à relier les locaux occupés par l'abonné au bureau central du réseau. Cette ligne reste la propriété de l'Etat.

La part contributive aux frais de premier établissement de cette ligne est calculée ainsi qu'il suit :

1° Pour les lignes aériennes :

Par kilomètre de ligne spéciale avec un fil, deux cent cinquante francs (250 francs);

Par kilomètre de fil sur une ligne supportant d'autres conducteurs, cent vingt-cinq francs (125 francs).

Lorsqu'il y a lieu de poser des appuis pour établir simultanément les fils destinés à plusieurs abonnés, la contribution de 125 francs par kilomètre de ligne afférente à ces appuis est supportée à parts égales par tous les abonnés desservis par les fils posés en même temps que les appuis.

2° Pour les lignes souterraines en tranchée ou sous galerie :

Par kilomètre de fil double pris sur une ligne de câbles téléphoniques spéciaux contenant plusieurs fils doubles et pouvant être utilisée par plusieurs abonnés, cinq cents francs (500 francs).

Par kilomètre de câble téléphonique à double fil placé spécialement en égout pour l'usage d'un seul abonné, neuf cents francs (900 francs).

Le montant des sommes dues par les abonnés en vertu des paragraphes ci-dessus est calculé par fraction indivisible de 100 mètres.

Les frais d'établissement des lignes présentant des difficultés spéciales sont remboursées intégralement à l'Administration d'après les dépenses de matériel et de main-d'œuvre y compris 5 0/0 à titre de frais généraux.

Le montant des sommes dues à l'Etat pour les travaux et fournitures qui font l'objet du présent article est versé au Trésor par avance, sur la production des titres de perception pour fonds de concours établis d'après les évaluations du service des télégraphes. Ce versement peut être soumis à une liquidation ultérieure basée sur la longueur exacte du fil.

Il peut également être effectué en quatre annuités égales par les abonnés qui en font la demande, après avoir souscrit un abonnement de quatre ans au moins dans les conditions déterminées par l'article 9.

Dans ce cas, le premier quart seul est versé d'avance; le payement des trois autres quarts a lieu dans le courant du mois de janvier de chacune des trois années qui suivent immédiatement celle pendant laquelle le contrat d'abonnement a été souscrit.

Exceptionnellement, le montant de la part afférente à l'établissement des lignes téléphoniques destinées au service des administrations de l'Etat ou des municipalités est versé au Trésor dans le délai de trois mois, à partir de la notification de la décision autorisant l'exécution des travaux.

Toutefois, les administrations et les communes peuvent également, en souscrivant un abonnement de quatre ans au moins, profiter des dispositions qui précèdent et effectuer le versement en quatre termes égaux : le premier dans les trois mois de l'autorisation, les suivants aux époques indiquées précédemment.

Art. 5. — Plusieurs abonnés habitant la même maison peuvent, sur leur demande, être desservis par un nombre de fils inférieur au nombre des abonnés. Dans ce cas, l'Administration ne perçoit que les frais d'établissement des fils réellement posés. L'installation des appareils est effectuée pour chacun des abonnés aux conditions indiquées à l'article 4. En outre, les frais résultant de l'installation et de l'entretien des appareils spéciaux au point de jonction du fil extérieur avec les communications multiples établies à l'intérieur et les dépenses de toute nature occasionnées par la combinaison adoptée, sont acquittés par les abonnés dans les mêmes conditions que le prix d'installation des fils extérieurs.

Un même abonné peut également demander qu'un seul fil partant du bureau central desserve plusieurs immeubles occupés par lui. Dans ce cas, il acquitte autant de fois l'abonnement qu'il y a d'immeubles reliés, la part contributive aux frais de premier établissement étant perçue sur la longueur totale de la ligne.

Art. 6. — Toute modification dans l'installation ou le tracé des lignes, faite sur la demande de l'abonné, a lieu aux frais de ce dernier. S'il en résulte une diminution de la longueur des fils en service, il en est tenu compte à partir du 1er janvier suivant dans la perception de l'abonnement pour droit d'usage.

Art. 7. — L'installation au domicile de l'abonné de tout appareil de réception, de transmission ou d'appel supplémentaire a lieu à prix débattu, le forfait prévu à l'article 4 ne s'appliquant qu'à une installation simple d'un poste. Le montant des dépenses est versé d'avance sur le devis dressé par le service des télégraphes.

Art. 8. — L'abonné doit obtenir du propriétaire de l'immeuble qu'il habite l'autorisation de faire les installations nécessaires.

Il prend à sa charge les diverses réparations qu'entraîneraient ces installations.

Les indemnités ou loyers réclamés par des tiers à quelque titre que ce soit, pour occupation temporaire, pour pose des appuis ou pour tous autres motifs, sont exclusivement à la charge des abonnés.

Art. 9. — L'entretien des communications extérieures ou intérieures et des appareils désignés à l'article 4 est assuré par les soins de l'Administration et les frais en sont compris dans le montant de l'abonnement.

Toutefois, l'Administration ne peut encourir aucune responsabilité au sujet du fonctionnement des lignes ou des appareils. Elle peut exiger le remplacement de ces derniers en cours de service, ou mettre l'abonné en demeure de faire exécuter par le constructeur des appareils les réparations d'une importance spéciale.

L'entretien des appareils supplémentaires qui font l'objet des articles 5 et 7 a lieu dans les mêmes conditions, par les soins de l'Administration, mais il n'est pas compris dans l'abonnement et donne lieu au payement d'une redevance annuelle fixée à 10 0/0 de la valeur des appareils et du montant des frais de main-d'œuvre nécessités par l'installation de ces derniers.

Dans tous les cas, l'abonné s'engage à prendre à sa charge les frais de réparations nécessités par son fait.

Il lui est interdit de démonter les appareils ou de leur faire subir, ainsi qu'aux fils conducteurs, aucune modification.

Il ne peut procéder à aucune réparation sans l'avis conforme du chef du bureau central.

Art. 10. — Il est perçu pour l'entretien et l'usage des fils téléphoniques destinés à mettre un abonné en communication par l'intermédiaire d'un bureau central avec les autres abonnés d'un même réseau :

1° Pour tout poste compris dans les limites de l'octroi ou dans le rayon de la distribution gratuite des télégrammes privés de la ville où est situé le bureau central, un abonnement annuel de 200 francs.

Le montant de cet abonnement se décompose ainsi qu'il suit :

100 francs à titre de fonds de concours pour remboursement des dépenses du matériel;

100 francs à titre de fonds de concours pour remboursement des dépenses du personnel; 50 francs pour droit d'usage.

Toutefois, si le nombre des abonnés dépasse 300, le montant de cet abonnement est réduit à 170 francs à répartir ainsi qu'il suit :

75 francs à titre de fonds de concours aux dépenses du matériel;

75 francs à titre de fonds de concours aux dépenses du personnel;

50 francs pour droit d'usage.

2° Pour tout poste établi en dehors de ce périmètre, un abonnement dont le montant est déterminé par l'addition à cette somme de 200 francs d'un droit d'usage supplémentaire calculé par 200 mètres indivisibles sur la base de 25 francs par kilomètre de fil mesuré en ligne directe à partir de la limite du périmètre précédemment indiqué.

L'abonnement pour les établissements publics de l'Etat ou les établissements municipaux reliés aux réseaux téléphoniques ne comprend pas les 25 francs perçus à titre de droit d'usage, mais il comprend le droit proportionnel de 25 francs par kilomètre de fil, dans les conditions déterminées par le paragraphe précédent.

Le prix des abonnements de six mois reçus en vertu de l'article 12 ci-après est fixé à 200 francs, lorsque le nombre des abonnés est inférieur à 300, et peut être réduit à 150 francs, lorsque ce nombre atteint ou dépasse 300.

Art. 11. — Moyennant le paiement de l'abonnement fixé par l'article précédent, l'abonné est, sur sa demande, mis gratuitement en communication par son fil avec les autres abonnés du même réseau pendant les heures d'ouverture du jour du bureau télégraphique de la localité, c'est-à-dire à partir de 7 heures du matin, pendant la période du 1er mars au 1er novembre, et de 8 heures du matin, pendant les quatre autres mois de l'année, jusqu'à 7 ou 9 heures du soir, selon le cas.

Cette communication est établie par l'intermédiaire du bureau central ou des bureaux centraux auxquels sont reliés les deux abonnés qui désirent correspondre entre eux, elle ne peut être demandée que par les abonnés, leurs employés et les personnes demeurant avec eux ; elle ne peut être utilisée que pour l'usage particulier de chaque abonné et à partir du local occupé par lui.

Dans le cas où le service télégraphique de la localité et, par suite, le service téléphonique seraient prolongés au-delà de 9 heures du soir, l'usage des téléphones après cette heure pourrait être soumis à des dispositions spéciales et notamment à une surtaxe de nuit.

L'abonnement ne donne pas droit à communication gratuite avec les autres villes; il ne confère pas à l'abonné la gratuité pour la correspondance qu'il échangerait en se rendant dans un bureau téléphonique public.

Dans ces derniers cas, l'abonné est soumis aux conditions établies pour l'usage des téléphones par les particuliers qui ne sont pas reliés au réseau.

Art. 12. — L'abonnement est consenti par périodes annuelles calculées du 1er janvier au 31 décembre. Il ne peut être consenti pour moins d'une année.

Toutefois, dans certaines villes, le service peut n'être organisé que pour une période de six mois pour la totalité ou pour partie des abonnés.

Si l'abonnement à l'année part de toute autre époque que le 1er janvier, il comprend, pour la première période, la partie de l'année restant à courir jusqu'au 31 décembre et l'année entière qui suit.

Il peut être pris pour plusieurs années. Tout abonnement expiré se renouvelle d'année en année par tacite reconduction, la fin de l'abonnement ne pouvant être déterminée que par une dénonciation donnée par l'une des parties intéressées avant le 1er novembre.

Le montant de l'abonnement annuel est exigible à partir du jour où les lignes sont mises à la disposition de l'abonné; il est acquis à l'Etat dès le 1er janvier, pour l'année entière.

Le versement est opéré sur titres de perception dressés au commencement de l'année. Il peut avoir lieu en une seule fois ; en ce cas, il doit être effectué avant le 31 mars. ou en deux termes égaux, soit avant le 31 janvier la part contributive aux frais d'entretien du matériel et le montant total des droits d'usage, et avant le 31 juillet la part contributive aux dépenses du personnel. Pour la première année, il est calculé par douzièmes indivisibles proportionnellement au temps écoulé avant le 31 décembre et perçu immédiatement.

Quand l'abonnement est de six mois, le versement doit être effectué dans le délai d'un mois à partir du jour où la ligne est mise à la disposition de l'abonné.

Art. 13. — Les abonnés peuvent, à toute époque, renoncer à l'usage des fils concédés; les abonnements pour droits d'usage et entretien restent acquis à l'Etat jusqu'à la fin de l'année courante. Il n'est fait aucun remboursement sur les sommes versées à titre de participation aux frais de premier établissement.

Art. 14. — En aucun cas, les correspondances ne peuvent avoir pour objet que les usages personnels des abonnés, toute communication faite par ces derniers au profit de tiers, soit à titre gratuit, soit contre payement, étant rigoureusement interdite.

Art. 15. — Les abonnés des réseaux téléphoniques peuvent être autorisés pendant les heures ordinaires du service à transmettre au bureau télégraphique de l'Etat des dépêches à expédier par la poste en dehors du périmètre de distribution gratuite de ce bureau, moyennant le payement, en sus de l'affranchissement postal, d'une taxe calculée à raison de 50 centimes par 100 mots ou fraction de 100 mots, jusqu'à 200 mots au maximum.

Art. 16. — Les abonnés peuvent demander également que tous les télégrammes parvenant à leur adresse au bureau télégraphique de la localité leur soient transmis par téléphone aussitôt après leur arrivée. Dans ce cas, la copie qui leur est destinée leur est, en outre, envoyée par la poste, à titre de confirmation.

Art. 17. — Les télégrammes échangés entre les abonnés et le réseau télégraphique de l'Etat, y compris la localité siège du bureau ou tout point au delà, restent soumis à la taxe intégrale dans les conditions de tarif en vigueur. En outre, lorsque ces télégrammes sont à destination ou en provenance d'un bureau municipal, les frais spéciaux ou indemnités de transmission sont remboursés par les abonnés; ces frais ou indemnités sont réglés dans le mois qui suit la notification du décompte auquel ils donnent lieu.

Le service télégraphique exécuté dans les conditions des articles 15, 16 et 17 s'effectue aux risques et périls des abonnés, sans garantie d'aucune sorte ou dans aucun cas et pour quelque motif que ce soit de la part de l'Administration.

Art. 18. — Dans les bureaux téléphoniques ouverts au public, toute personne peut demander à être mise en communication soit avec les abonnés du réseau ou d'un autre réseau relié à celui-ci, soit avec une autre personne placée dans un second bureau téléphonique également ouvert au public.

Il est perçu pour l'usage de ces communications et d'avance un droit de location indivisible de 50 centimes par fraction de cinq minutes. Cette taxe est perçue dans chacun des deux bureaux en correspondance lorsque la communication est donnée entre deux bureaux ouverts au public dans la même localité ou dans deux localités reliées spécialement pour l'usage des téléphones. Le versement d'une taxe effectuée dans l'un des deux bureaux n'exempte pas de versement d'une taxe égale le correspondant placé dans le second bureau. Toutefois, les deux taxes peuvent être déposées simultanément à titre de réponse payée, par l'une des deux personnes en correspondance; dans ce cas, il en est donné avis au second bureau, par l'agent de service au moment où il demande la communication.

Art. 19. — Le même droit de location de 50 centimes par cinq minutes est applicable aux communications demandées par les abonnés d'un réseau, dans le but de correspondre par leur fil spécial avec les abonnés d'un autre réseau placé dans une autre ville et relié au premier par des fils téléphoniques, ou avec une personne placée dans un des bureaux téléphoniques ouverts au public ou réciproquement. La taxe n'est perçue qu'une fois; elle est due seulement par la personne qui a demandé la communication.

Elle est portée, s'il y a lieu, en compte à la charge de l'abonné au bureau central et fait l'objet d'un règlement mensuel.

Pour l'établissement du compte de l'abonné, les déclarations du bureau central font foi.

Art. 20. — Les établissements ouverts au public, tels que cercles, cafés, hôtels, restaurants, etc., qui seraient reliés au réseau téléphonique peuvent être autorisés à mettre un poste téléphoniqne à la disposition de leur clientèle. Ils acquittent, dans ce cas, la même taxe de location de 50 centimes par communication de cinq minutes au maximum demandé par une seule et même personne ; toutes les communications demandées, quel qu'en soit l'objet, y compris celles qui sont faites uniquement pour les besoins de l'exploitation de l'établissement, sont soumises à cette taxe.

Le montant des sommes dues à l'Etat en exécution de ces dispositions est porté en compte au bureau central et réglé de mois en mois. A cet effet, les propriétaires ou gérants de ces établissements versent d'avance au bureau central un dépôt de garantie dont l'importance est déterminée, pour le premier mois, d'après l'appréciation du chef de service, et pour les mois suivants, d'après l'usage des mois précédents.

L'abonnement fixé par l'article 10 ne comprend pas, dans ce cas, la fraction d'abonnement correspondant au droit d'usage.

Art. 21. — En aucun cas, il ne peut être accordé successivement plus de dix minutes de communication au même abonné ou à la même personne, par le même fil, lorsque plusieurs demandes sont faites simultanément. Dans ce cas, l'ordre des demandes est suivi rigoureusement sans aucune exception ni tour de faveur.

Art. 22. — L'administration fait parvenir à chaque

abonné et met à la disposition du public, dans tous les bureaux téléphoniques qui lui sont ouverts, une liste complète de tous les abonnés du réseau et de ceux des réseaux qui peuvent être mis en communication directe avec le premier par des fils téléphoniques spéciaux.

Les renseignements nécessaires pour tenir cette liste au courant sont transmis chaque mois et notifiés aux abonnés.

Art. 23. — L'Etat se réserve d'exercer ses droits de contrôle sur toutes les communications échangées par l'intermédiaire des réseaux ou fils téléphoniques de toute nature.

L'abonné doit laisser visiter par les agents de l'Administration des postes et des télégraphes, ses installations téléphoniques et les appareils placés chez lui toutes les fois qu'il en est requis, soit pour faciliter le fonctionnement du service, soit pour l'exercice du contrôle de l'Etat.

Art. 24. — L'Etat ne peut encourir aucune responsabilité du fait des interruptions, quelle qu'en soit la cause.

La suspension du service résultant d'une interruption accidentelle ne donne droit à aucun remboursement sur le montant de l'abonnement. La suspension de communications par un fil d'abonné prononcée d'office, en vertu du droit qui est réservé formellement à l'Administration, donne lieu, au profit de l'abonné, lorsqu'elle atteint ou dépasse un mois, au remboursement d'un douzième de son abonnement par mois complet.

L'Administration des postes et des télégraphes conserve également le droit de prononcer la résiliation, à toute époque, d'un abonnement, sous réserve du remboursement de la somme représentant la fraction de l'abonnement depuis le premier jour du mois suivant jusqu'à l'expiration de la période pour laquelle le prix de l'abonnement a été versé.

En cas de résiliation, les frais d'enlèvement des fils au domicile de l'abonné sont à la charge de l'Administration, qui retire également la pile, et, s'il y a lieu, tous autres appareils ou objets livrés par elle.

L'abonné reste propriétaire des appareils qu'il a acquis.

Les diverses réparations nécessitées par ces travaux d'enlèvement sont à la charge de l'abonné.

Art. 25. — A défaut d'un seul payement d'avance du montant de l'abonnement ou de la part contributive des frais de premier établissement aux époques déterminées par l'arrêté, l'abonnement consenti peut être, au choix de l'Administration, suspendu ou résilié, sans préjudice de toute action conservatoire ou judiciaire à intervenir en vue de sauvegarder les intérêts de l'Etat et sans donner droit à aucun remboursement, au profit de l'abonné, des sommes versées par lui.

La même mesure s'applique si l'abonné contrevient aux dispositions du présent arrêté qui règlent l'emploi des fils téléphoniques, et notamment s'il met son fil à la disposition de tiers non autorisés ou s'il échange des correspondances pour ces derniers et en leurs noms. Dans ce cas, l'abonné est passible des peines prévues par l'article 1er du décret organique du 27 décembre 1851.

Art. 26. — Dans tous les cas où l'Administration se réserve le droit de suspendre l'abonnement, elle n'est tenue de remplir, à cet effet, aucune formalité judiciaire. Elle peut, vingt-quatre heures après une mise en demeure restée infructueuse, enlever à l'abonné l'usage de son fil téléphonique. Elle reste seule juge de l'opportunité d'une résiliation définitive et des motifs de la suspension ou de la résiliation.

Art. 27. — L'abonné est tenu de se conformer à tous décrets, arrêtés et règlements administratifs concernant l'exploitation des réseaux téléphoniques par l'Etat. Il ne peut, en aucun cas et sous aucun prétexte, prétendre à la résiliation de son abonnement ou à la diminution des redevances fixées par le présent arrêté pour cause de trouble apporté dans la jouissance des droits que lui confère son contrat, par toutes dispositions résultant d'actes législatifs ou règlementaires à intervenir en cette matière.

Toute modification portant sur le chiffre de l'abonnement n'est pas applicable à l'année en cours. Elle doit être notifiée à l'abonné deux mois avant le commencement de l'exercice auquel elle sera applicable.

Art. 28. — Toutes les dispositions de la loi du 29 novembre 1850 actuellement en vigueur et notamment celles de l'article 6 ainsi conçu :

« L'Etat n'est soumis à aucune responsabilité à raison » du service de la correspondance privée par la voie » télégraphique, » ainsi que les dispositions de l'article 1er du décret-loi du 27 décembre 1851, ainsi conçu :

« Aucune ligne télégraphique ne peut être établie ou » employée à la transmission des correspondances que » par le Gouvernement ou avec son autorisation.

» Quiconque transmettra, sans autorisation, des signaux » d'un lieu à un autre, soit à l'aide de machines télé» graphiques, soit par tout autre moyen, sera puni d'un » emprisonnement d'un mois à un an, et d'une amende » de mille à dix mille francs.

» En cas de condamnation, le Gouvernement pourra » ordonner la destruction des appareils et machines » télégraphiques » s'appliquent de plein droit à l'usage des fils téléphoniques, soit par les abonnés, à partir des locaux occupés par eux, soit par toute autre personne à partir des bureaux téléphoniques ouverts au public.

Art. 29. — Les frais de timbre et d'enregistrement, s'il y a lieu, sont à la charge des abonnés.

I. — *Conditions d'autorisation, d'établissement, d'entretien et d'usage des lignes télégraphiques d'intérêt privé.*

Aucune ligne télégraphique ne peut être établie ou employée à la transmission des correspondances que par le Gouvernement ou avec son autorisation. Quiconque transmettra sans autorisation des signaux d'un lieu à un autre, soit à l'aide de machines télégraphiques, soit par tout autre moyen, sera puni d'un emprisonnement d'un mois à un an, et d'une amende de mille à dix mille francs. En cas de condamnation, le Gouvernement pourra ordonner la destruction des appareils et machines télégraphiques. (Décret-loi du 27 décembre 1851.)

Le Ministre des Postes et des Télégraphes est autorisé à consentir des abonnements à prix réduits pour la transmission des dépêches télégraphiques, lorsque cette transmission s'effectue en dehors des conditions ordinaires établies pour l'application des taxes télégraphiques. (Loi du 5 avril 1878.)

Les lignes télégraphiques étrangères au réseau de l'Etat qui sont employées à la transmission des correspondances, en vertu d'autorisations spéciales accordées en conformité de l'article 1er du décret-loi du 27 décembre 1851 susvisé, sont divisées en deux catégories : 1° celles qui rattachent un établissement privé au réseau télégraphique de l'Etat et sont destinées à la transmission des correspondances entre cet établissement et les divers points desservis par ce réseau ; 2° celles qui rattachent entre eux plusieurs points d'un même établissement privé ou plusieurs établissements privés appartenant soit à un même permissionnaire, soit à plusieurs permissionnaires cointéressés. (Décret du 13 mai 1879, art. 1er.)

Sont fixées ainsi qu'il suit les clauses et conditions réglant l'établissement et l'usage des lignes télégraphiques d'intérêt privé :

Article premier. — Sont construites et entretenues par le service des Télégraphes qui en détermine seul le tracé :

1° Les lignes télégraphiques d'intérêt privé destinées à relier un établissement particulier au réseau de l'Etat ;

2° Les lignes destinées à relier entre eux deux ou plusieurs établissements privés lorsqu'elles ont plus de 5 kilomètres, ou généralement lorsque leur tracé peut présenter un intérêt quelconque pour le réseau de l'Etat.

Art. 2. — Peuvent être construites et entretenues par les permissionnaires, après autorisation spéciale et approbation du tracé, les lignes qui ne présentent aucun intérêt au point de vue du réseau général et dont le développement ne dépasse pas 5 kilomètres.

Sont établis et entretenus dans les mêmes conditions, par les permissionnaires, les fils destinés à l'éclairage électrique.

Art. 3. — L'établissement de toutes les lignes qui font l'objet du présent arrêté reste subordonné aux autorisations locales ou particulières nécessaires pour la traversée des voies publiques ou des propriétés privées. Ces autorisations sont obtenues à la diligence du service télégraphique, pour les lignes dont la construction lui est réservée, et par les soins des concessionnaires pour celles que ces derniers auront été autorisés à construire eux-mêmes.

Art. 4. — Les permissionnaires des lignes construites par l'Etat contribuent aux frais d'établissement à raison de :

1° Pour lignes aériennes,

Par kilomètre de ligne spéciale avec un fil, deux cent cinquante francs (250 fr.) ;

Par kilomètre de fil sur une ligne supportant d'autres conducteurs, cent vingt-cinq francs (125 fr.);

2° Pour lignes souterraines en tranchée ou sans galerie,

Par kilomètre de fil ordinaire, sept cent cinquante francs (750 fr.);

Par kilomètre de câble téléphonique à double fil, neuf cents francs (900 fr.). (Arrêté du 24 février 1882.)

Pour le calcul de la part contributive d'après les conditions qui précèdent, la longueur des fils est comptée par fraction indivisible de 100 mètres. (Règlement annexe à l'arrêté du 31 décembre 1882.)

Les frais d'établissement de lignes présentant des difficultés spéciales sont remboursés intégralement à l'Administration d'après les dépenses de matériel et de main-d'œuvre, y compris 5 0/0 à titre de frais généraux.

Le montant des frais d'établissement est versé au Trésor, par avance, sur la production des titres de perception pour fonds de concours établis d'après les évaluations du service des Télégraphes. Ce versement peut être soumis à une liquidation ultérieure basée sur la longueur exacte du fil.

Exceptionnellement, le montant de la part afférente à l'établissement des lignes d'intérêt général assimilées aux lignes d'intérêt privé est versé au Trésor dans le délai de trois mois, à partir de la notification de la décision autorisant l'exécution des travaux.

Les indemnités ou loyers réclamés par les communes, les services publics ou les propriétaires intéressés, pour occupation temporaire, pour pose des appuis ou pour tous autres motifs, sont exclusivement à la charge des concessionnaires.

Art. 5. — Les permissionnaires des lignes entretenues par l'Etat contribuent aux frais d'entretien dans les proportions ci-après :

1° Lignes aériennes,

Par kilomètre de fil sur ligne spéciale ou supportant d'autres conducteurs et par an, quinze francs (15 fr.);

2° Lignes souterraines,

Par kilomètre de fil conducteur et par an, soixante francs (60 fr.). (Arrêté du 24 février 1882.)

Pour l'établissement de cette part contributive aux frais d'entretien, la longueur des fils est calculée par fraction indivisible de 100 mètres. (Règlement annexe à l'arrêté du 31 décembre 1882.)

Le versement de ces frais est poursuivi à titre de fonds de concours. Ils sont acquis à l'Etat dès le 1er janvier pour l'année entière et doivent être versés au Trésor le 31 mars suivant au plus tard. L'annuité d'entretien des lignes établies dans le courant d'une année n'est exigible qu'à partir du 1er janvier de l'année suivante.

Art. 6. — Les permissionnaires des lignes d'intérêt privé, construites ou non par l'Etat, pourvoient eux-mêmes à l'acquisition, à l'installation et à l'entretien des appareils télégraphiques nécessaires au fonctionnement de leurs lignes.

Toutefois, le service des Télégraphes de l'Etat peut se charger de l'acquisition, de l'installation et de l'entretien des appareils nécessaires au fonctionnement des lignes télégraphiques d'intérêt privé qui ont pour objet un service municipal ou des lignes qui leur sont assimilées, comme les lignes des champs de tir, moyennant une contribution déterminée comme il suit :

1° Par poste principal comprenant un appareil de transmission et de réception,

a) Etablissement, cinq cents francs (500 fr.);

b) Entretien par an, cinquante francs (50 fr.);

2° Par poste secondaire d'appel ou d'avertissement,

a) Etablissement, cinquante francs (50 fr.);

b) Entretien par an, cinq francs (5 fr.).

Si les lignes sont desservies au moyen de téléphones, la part contributive pour l'acquisition, l'installation et l'entretien des appareils est réduite ainsi qu'il suit :

Par poste principal comprenant un appareil de transmission et de réception :

a) Etablissement, trois cents francs (300 fr.) ;

b) Entretien par an, trente francs (30 fr.). (Arrêté du 24 février 1882.)

Art. 7. — Les dépêches échangées entre les établissements desservis par une ligne d'intérêt privé reliée au réseau de l'Etat, et ce réseau, ou tout point au delà, restent soumises à la taxe intégrale dans les conditions de tarif en vigueur.

Art. 8. — Il est perçu par voie d'abonnement, pour l'usage des lignes télégraphiques d'intérêt privé qui fonctionnent en dehors du réseau de l'Etat, un droit fixe comme suit :

Par kilomètre de fil, et par an, vingt-cinq francs (25 francs.)

Ce droit est calculé par fraction indivisible de 200 mètres ; il ne peut, toutefois, être perçu de ce chef moins de vingt-cinq francs par an, pour les lignes d'intérêt privé ordinaires.

Les fils de sonnerie et les fils destinés à relier par appareils de rappel les établissements particuliers aux réseaux municipaux d'incendie ne sont assujettis à d'autre minimum de perception que le droit de 5 francs correspondant à une fraction indivisible de 200 mètres.

Le droit d'usage pour les fils destinés à relier les établissements particuliers aux réseaux municipaux d'incendie ne peut dépasser la somme de 25 francs, quelle que soit la longueur du fil.

Tout réseau composé de plus de deux postes pouvant

correspondre entre eux ou indépendants les uns des autres, mais appartenant à la même concession, est assujetti, en outre, à un droit de 25 francs par poste, deux postes pour chaque concession étant exempts de ce droit.

Le montant de l'abonnement pour droit d'usage est exigible à partir du jour où les lignes sont mises à la disposition du concessionnaire; il est acquis à l'Etat, dès le 1er janvier, pour l'année entière, et doit être versé au Trésor avant le 31 mars suivant. Pour la première année, il est calculé proportionnellement au temps écoulé avant le 31 décembre. (Arrêté du 31 décembre 1882.)

Art. 9. — Les dispositions du présent arrêté sont applicables aux lignes téléphoniques posées le long des chemins de fer dans les conditions des arrêtés spéciaux autorisant les compagnies à établir sur la voie les fils nécessaires à leur exploitation.

La réduction consentie par ces arrêtés est applicable à l'abonnement pour droit d'usage perçu sur les fils. Elle ne s'applique pas au minimum.

Sont exemptés de tous les droits d'usage :

1° Les réseaux d'intérêt privé qui ont pour objet un service municipal ou qui leur sont assimilés;

2° Les fils des sociétés de tir;

3° Les fils destinés à l'éclairage électrique ou à la transmission de la force motrice.

Art. 10. — Les permissionnaires des lignes d'intérêt privé reliées au réseau général et rattachées à un bureau de l'Etat peuvent être autorisés, pendant les heures ordinaires de service :

1° A transmettre au bureau de l'Etat des dépêches à expédier par la poste en dehors du périmètre de distribution de ce bureau, moyennant le payement, en sus de l'affranchissement postal, d'une taxe calculée à raison de 50 centimes par 100 mots ou fraction de 100 mots, jusqu'à 200 mots au maximum;

2° A communiquer directement entre eux de réseau à réseau aboutissant au même bureau, moyennant le payement, par chaque concession, d'un droit fixe de :

350 francs par an pour Paris ;

250 francs par an pour les autres villes et localités.

Ce droit est calculé par trimestre, indivisible et payable d'avance.

Ces autorisations restent, en toutes circonstances, subordonnées aux besoins du service général. Elles peuvent, à toute époque, être suspendues ou retirées sans que l'Administratien soit tenue pour ce motif à aucune indemnité.

Art. 11. — L'emploi des téléphones ne peut avoir lieu que sur des lignes spéciales et en vertu d'une autorisation particulière. L'introduction de ces appareils dans les bureaux de l'Etat est également soumise à des conditions particulières.

L'installation, en ligne souterraine, dans Paris, de communications téléphoniques d'intérêt privé ne peut avoir lieu que par les soins du service télégraphique : elle est effectuée au moyen de câbles à double fil.

Art. 12. — Toute extension de réseau est traitée, pour les frais d'établissement, comme une concession nouvelle.

Toute modificatien dans l'installation ou le tracé des lignes, faite sur la demande du concessionnaire, a lieu aux frais de ce dernier. S'il en résulte une diminution de la longueur des fils en service, il en est tenu compte, à partir de l'année suivante, dans la perception de l'abonnement pour droit d'usage.

Les concessionnaires peuvent, à toute époque, renoncer à l'usage des fils concédés ; l'abonnement pour droit d'usage et l'annuité d'entretien restent acquis à l'Etat jusqu'à la fin de l'année courante. Il n'est fait aucun remboursement sur les sommes versées à titre de participation aux frais de premier établissement.

Art. 13. — Les bureaux des lignes d'intérêt privé de toute catégorie sont desservis par les agents particuliers des permissionnaires. Ces agents sont tenus de transmettre, lorsqu'ils en sont requis, la correspondance officielle avec priorité sur tous les autres télégrammes, et d'en assurer la remise aux destinataires, sans aucune indemnité.

L'Administration conserve, d'ailleurs, la faculté d'introduire dans tous ces bureaux ses propres agents et ses propres appareils, si les besoins du service officiel venaient à l'exiger.

Art. 14. — L'Etat se réserve d'exercer ses droits de contrôle sur toute ligne d'intérêt privé, quelle que soit sa destination.

Les frais auxquels ce contrôle pourrait donner lieu sont remboursés par les permissionnaires sur production de titres de perception dressés par l'Administration des Postes et des Télégraphes.

Si le service des Télégraphes juge utile, pour l'exercice de ce droit, d'introduire des fils d'intérêt privé dans un bureau télégraphique de l'Etat, les permissionnaires participent aux frais d'établissement et d'entretien des dérivations, dans les mêmes proportions qu'à ceux des lignes concédées; mais ces dérivations ne donnent pas lieu à la perception de l'abonnement pour droit d'usage.

Ils sont tenus, en outre, de pourvoir aux frais d'acquisition, d'installation et d'entretien des appareils nécessaires au contrôle, lorsqu'ils se servent, sur leurs lignes, d'appareils qui ne sont pas en usage dans les bureaux où ce contrôle s'exerce, ou que les besoins du contrôle exigent l'emploi permanent d'un appareil spécial.

Art. 15. — L'Etat ne peut encourir aucune responsabilité du fait des interruptions accidentelles des communications, même par les fils dont l'entretien est réservé au service des Télégraphes.

Il peut, à toute époque, suspendre ou retirer le droit d'usage des fils concédés, sans être tenu, pour ce motif, ni à indemnité ni à remboursement.

Art. 16. — Pour tenir lieu de la participation aux frais de premier établissement, en ce qui concerne les lignes établies antérieurement à l'arrêté du 20 mai 1879, les anciens abonnements, qui comprenaient à la fois les frais d'entretien et l'amortissement des dépenses d'établissement, continueront à être perçus jusqu'à la dixième année incluse de l'établissement de la ligne pour les abonnements de 30 francs, et, pour les abonnements de 50 francs et au dessus, par kilomètre de fil, jusqu'à la sixième année incluse.

Art. 17. — Les concessions des lignes d'intérêt privé, accordées en conformité du présent arrêté, sont soumises de droit à toutes les dispositions résultant d'actes législatifs ou réglementaires à intervenir en matière de ligne d'intérêt privé, et aux redevances qui pourraient être ultérieurement établies.

Art. 18. — Des arrêtés spéciaux détermineront la situation des lignes ou réseaux télégraphiques d'intérêt privé qui fonctionnent actuellement, ou qui seraient concédés ultérieurement en dehors de tous les cas prévus par le présent arrêté, et régleront les conditions qui devront leur être appliquées. (Arrêté du 24 février 1882.)

J. — *Proposition de loi tendant à régler les concessions de réseaux téléphoniques, présentée par* M. Eugène Farcy, *député, à la Chambre des députés, le* 12 *juillet* 1884.

Article premier. — Les concessions actuelles de téléphones seront prorogées jusqu'au 1er janvier 1885.

M. le Ministre des postes et télégraphes fera publier,

avant le 1er septembre 1884, les cahiers des charges auxquels seront soumis les adjudicataires.

Art. 2. — A partir du 1er janvier 1885, les exploitations de réseaux téléphoniques seront concédées à l'industrie privée par le Ministre des postes et des télégraphes en se conformant à l'art. 63 du décret du 31 mai 1862, consacrant le principe de la libre concurrence de la publicité.

Ces concessions seront autorisées pour une durée de cinq années dans les conditions fixées par un cahier des charges qui devra être publié avant le 1er septembre 1884.

Ce cahier des charges devra stipuler pour l'Etat un prélèvement de 10 % sur la recette brute.

Art. 3. — Les réseaux seront exploités soit au moyen d'installations permanentes chez les particuliers, soit au moyen de postes publics.

Art. 4. — Pour faciliter l'achat des réseaux existants par les nouveaux adjudicataires, ces réseaux seront estimés par une commission spéciale nommée par le Ministre ; les prix fixés à dire d'expert au moyen d'un coefficient de dépréciation, pour usure ou dégradation, proportionnel aux années de service, seront indiqués dans le cahier des charges.

Art. 5. — Les adjudicataires devront accorder aux administrations publiques et aux services de pompiers et de sauvetages chargés de signaler les incendies ou les sinistres, une réduction de 50 % sur le prix de l'abonnement.

Art. 6. — Seront déclarés adjudicataires pour cinq années les soumissionnaires qui, après avoir donné toute garantie, offriront par soumission cachetée les prix les plus faibles pour l'abonnement.

Ces prix ne pourront dépasser 350 francs pour la ville de Paris et 250 francs pour les départements.

Art. 7. — Tous les cinq ans les concessions seront

renouvelées. S'il n'y a pas de nouveaux concurrents, l'ancien exploitant sera maintenu de droit ; s'il y a un nouvel adjudicataire, il pourra, s'il trouve avantageux de l'acheter, rembourser le prix du réseau conducteur, basé d'après les coefficients indiqués à l'article 4.

Art. 8. — Les communes pauvres qui n'ont pas de réseau télégraphique et qui voudront établir un réseau téléphonique pourront obtenir une réduction sur le prélèvement fait par l'Etat.

Art. 9. — Toutes les communes autorisées par un vote spécial du conseil municipal seront libres de choisir la Compagnie qui devra établir le réseau, pourvu que celle-ci se conforme aux articles de la présente loi.

Art. 10. — L'Etat conserve le contrôle sur toutes les lignes téléphoniques. Tous ses droits sont absolument réservés. Il ne sera concédé aucun monopole. L'Etat aura toujours le droit, pour cause d'utilité publique ou lorsqu'il le jugera nécessaire, de racheter les réseaux téléphoniques aux prix établis par les coefficients de l'article 4.

TABLE DES MATIÈRES

Toulouse. — Typ. de Durand, Fillous et Lagarde, rue Saint-Rome, 44.

11

Toulouse, typ. Durand, Fillous et Lagarde, rue Saint-Rome, 44.

www.ingramcontent.com/pod-product-compliance
Ingram Content Group UK Ltd.
Pitfield, Milton Keynes, MK11 3LW, UK
UKHW022111260726
13993UKWH00001B/451

9 782329 166193